四川出版发展公益基金会
资助项目

巴蜀文化系列丛书

成都历史文化精品丛书

人与自然和谐共生的地球家园

360°

BASHU
WENMAI

1. 三星堆出土的戴金面罩青铜人头像 摄影 / 江聪
2. 三星堆出土的青铜大立人像 摄影 / 江聪
3. 东汉说唱俑 摄影 / 李绪成

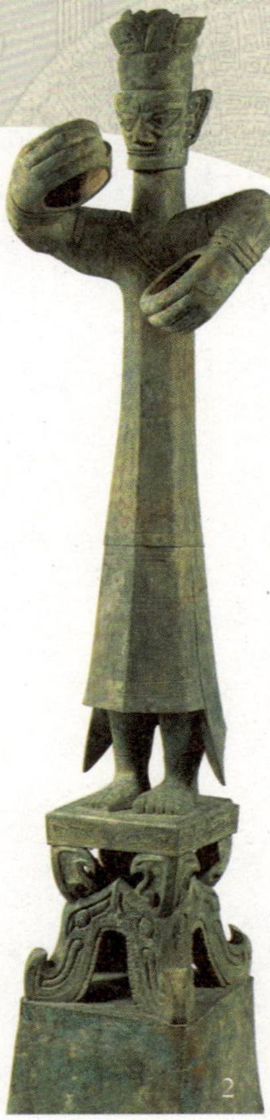

谭继和 著

巴蜀文脉

四川美术出版社

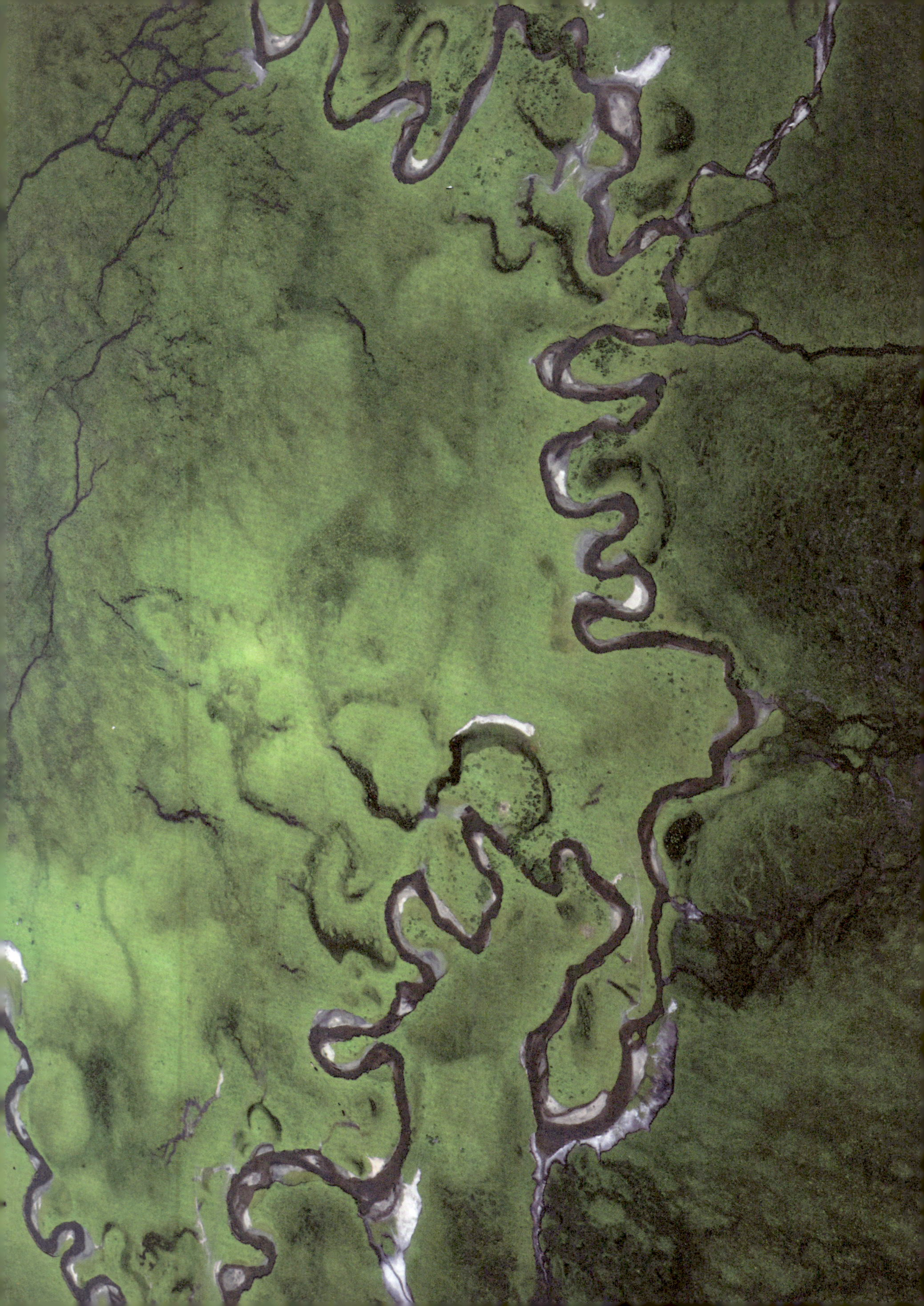

自序

巴蜀文化是在中华广域文化共同体内，由中华古礼乐文明润泽发育，不断在中华文脉成长进程中丰富发展起来的，是既体现中华文明的“五个突出特性”，又具有巴人蜀人个性特色的一支地域文化。如果说中华文明共同体是世界上自成体系的大文化群落，那么，其中就包含着种种子系群落，各子系群落的汇聚点集中于具有凝聚力、向心力根基的中原文化。巴蜀文化作为其中的一大子系群落，始终是中华文明母体中一个善于容纳和集结的开放性子系群落，并始终在中华文脉系统中与其他子系文化群落互补互融、共生发展。

郭沫若先生曾论断：“古代中国文化普及南北”，“创制北方文化的民族，与开辟南方的民族，同是一个民族”，“故南北共贯”。同时，“经过将近一千年（按：指夏殷周）的长时期间，因此也就多少表现出一些不同的地方色彩，但从本质上说来是一家的”。“那时的思想学术，无论是南派北派，都富有独创精神，特别是屈原的文艺那真是特立千古”。郭老这些论断，阐明了中国得以形成大一统的五千年文脉的根本原因就在于中华民族共同体的各个子民族在文化上有共贯之源，形成中华民族多元一体格局的向心式分布模式。

中华民族共同体是五千年文化中国大一统的生存之根、发展之魂和文化之脉。巴蜀文化为伟大的中华群落“文化生态”森林的成长，作出了自己独特的地方性贡献。

巴蜀地域处于长江上游与黄河上游之间，是世界文明史上与美索不达米亚“两河流域”媲美的又一个“两河流域”。长江与黄河均发源于青藏高原。长江发源于青海唐古拉山脉各拉丹东大冰峰，黄河发源于青海巴颜喀拉山北麓。长江上游与黄河上游同时流经的省份只有两省，一是青海源头，二是四川上游。在若尔盖大草原黄河形成“黄河第一湾”，被称为“河源”流域。长江的“源头”，古人认为是岷江，发源于弓杠岭，也在同一湿地大草原区域，故被称为“江渎”。这一特殊地势既形成秦陇至巴蜀的族群迁徙与文化交流通道，成为以“首在陇蜀”（《史记·天官书》）

月亮湾　摄影 / 姜跃斌

的以“龙头”著称的“大蜀道”；同时，又为江河流域的经济文化交流提供了理想的通道，便于巴人蜀人以其胸襟开阔、朴实率真的开放性、兼容性与聪明多智、勇为人先的创新性与实干性相结合的生活方式及思维定式不断融入和丰富中华文明。

黄河孕育出方正厚重、磊落质实的礼乐文化心理形态，以《诗经》为文化元典代表；长江孕育出奇瑰想象、浪漫梦幻的文化心理形态，以屈原《楚辞》为文化元典代表。

在长江、黄河两大系文脉交相影响下的巴蜀地区，形成了南北共贯、东西兼容的文化特征与历史传统，天然地成为追求《诗经》文化美与《楚辞》文化美交流融汇的美学享受的一大摇篮。巴蜀第一个文宗司马相如就是以屈原为楷模，在诗教乐教文化与仙游浪漫文化交相熏陶的背景下孕育出来的。此后的历代文宗从扬雄到郭沫若都是“比肩相如”，走的屈原、相如开拓的守正创新文化之路。这就是我们沿着巴蜀历史长河回溯和前行得出来的总认识。

巴蜀文明五千年文脉为我们留下了不可多得的历史遗产、遗存和遗址，以及多姿多彩的历史文化与思想养料。这些遗产和资源对于今天构建中国式现代化巴蜀特色新篇章，培铸新时代四川人精神，正在起着越来越大的作用。

传薪火，走新路，遵循习近平文化思想和关于创建公园城市的一系列指示，传承和弘扬我们巴蜀老祖宗的历史文化传统，构建中国特色社会主义的巴蜀文化，沿着流光溢彩的历史文化长河前行，正是巴蜀人的历史担当和现实使命。

从 1929 年最早发现三星堆文化玉器窖藏开始，巴蜀文化考古发现与历史研究已经开展九十多年，取得了震惊世界、不同凡响的新成就。特别是进入新时代，在西部大开发、信息化、产业化和国际化的热潮中，巴蜀文化研究迎来了新的发展和繁荣；在智能化、智慧化创意产业带动下，巴蜀文化研究的领域范围不断扩大，涵盖了城市建设、社会、工业、商业、农业、民俗、宗教、民族、文学、艺术等诸多领域，与社会、经济、文化建设日益紧密结合，呈现出“多线进化”、立体发展的新趋势。

本书是学术通俗小读物，要展现巴蜀丰赡多彩、怪怪奇奇、南北纵贯、东西兼容的五千年文脉，是个大难题。我之所以鼓勇提笔，是因有徐中舒、隗瀛涛两位师尊教导在先，当学少年立志拏云，学习顾炎武，进山采铜，“学有本原，博赡而能通贯”，力戒游谈无根，“空疏无本”，买卖旧铜钱之陋习。又因我多年从事适应时运、通经于用的研究与实践，迫使我在文献、考古、民族三重史料瀚海里游弋，力求寻觅潮头，通达己见，服务大众。

历史文献中，地方志、乡土志是主要依托。地方志为一地方之全史，乃国史之羽翼。历代成都与四川地方志是写作本书的史料之基。我从事巴蜀文化研究四十多年，起点就是从成都市志开始的。20世纪70年代，我奉组织之命参加筹划建立成都市地方志机构工作，读的第一本书就是林山腴所修《华阳县志》。我担任总编纂，撰修《成都市志·总志》。同时，利用成都乡土志写出了《论成都城市文化的基本性质及其特征》的论文，参加1986年全国历史文化名城研讨会，被誉为当时从地方文化史视野阐释名城建设开风气之先的第一篇。我主持或参与策划的成都数十处文化景观工程、“三环路”立交桥、天府新区街道等“地名”命名和历史认证工作，都靠成都地方志、乡土志文献。近年来，成都市地方志办组织策划的“蜀藏”“日本藏巴蜀稀见地方志集成”等大型典藏工程和成都历史文化精品丛书，都是发挥地方志“存史、资政、育人”职责的丰硕成果。顺便说一句，我能成为四川省志审核委员会成员，亦是多年成都史志研究奠定的基础。

本书初版于2006年，列入《巴蜀文化走进千家万户之丛书》（第三辑）（四川省人民政府参事室、四川省人民政府文史研究馆主编），得到读者的青睐，比我个人的学术著作的读者多得多，令我十分感动。而初版之所以成功，确是得益于“地方百科全书”——多样化的省市志书提供的史料为基础，所以书中写成都“龙脉”、水脉，和发现城市中轴线等创见的篇幅也最多。

现在的新版，又得到四川省和成都市地方志办的高度重视和大力支持。特别是成都市地方志办非常重视，将新版《巴蜀文脉》列入“成都历史文化精品丛书”。四川出版发展公益基金会又将新版图书作为重要资助项目，回应了热爱本书的众多读者的需求，新增了历史图片和新见的认识，使本书改换了旧面孔，成为图文并茂、文随图走、图从文意的大众化、时尚化学术读物，这是令人感动的。期望本书得到更多的书香读者、诗意青少年的喜爱，供案头枕边浏览。喜欢与否，随便随便。

悦读

1

怎样读本书？

1. 三星堆出土的青铜鸟 摄影 / 江聪

2. 三星堆出土的青铜顶尊跪坐人像 摄影 / 江聪

导引 怎样寻文脉？

2

目录
CONTENTS

巴蜀地脉

宇宙绝观

优游天府

游

三星堆出土的青铜鸟 摄影 / 江聪

目录

CONTENTS

巴蜀水脉

珍水万世

水润天府

润

东汉陶车马 摄影 / 李绪成

目录
CONTENTS

巴蜀文脉总谱系

1

神秘奇绝
文冠天下

奇

1. 三星堆出土的青铜鸟 摄影 / 江聪

2. 成都王建墓出土的二十四乐伎之吹小“觱篥”的乐伎 摄影 / 李绪成

2

目录

CONTENTS

巴蜀文脉五千年发展轨迹

华夏原乡有蜀山
陇蜀传脉五千年

1

1. 金沙遗址出土的石虎 摄影 / 李绪成

2. 汉代说唱俑 摄影 / 李绪成

2

目录

CONTENTS

巴蜀文脉特征

仙乡人居 非常之人

灵

金沙出土的青铜人像 摄影 / 李绪成

世界自然遗产：黄龙 摄影 / 王达军

悦读：怎样读本书？

一　守根护脉：巴蜀文化生长的故乡

根脉・守护・发展

2

巴蜀文化是巴蜀大地上各族同胞世世代代生存之根、薪传之脉和心灵之魂。

一盆巴山蜀水，万卷天府之国，是巴蜀文化永恒的故乡。

巴蜀文脉贯穿古今，从神奇、神秘、神妙的古巴蜀文明，到今天新时代中国式现代化万千气象中千姿百态的巴蜀新篇章，经历了传承薪火、发展转型、持续创新到新质生产力发展的悠久历程……

1. 世界文化遗产：大足石刻 摄影／李代才

2. 郫都区出土的陶屋 摄影／李绪成

二　神韵三美：巴蜀文脉“三态”的神和美

生态·文态·心态

1. 生态神奇之美

宇宙神奇之绝观

生态宜居之绿舟

1. 四姑娘山秋色　摄影 / 黄继舟

2. 川金丝猴　摄影 / 薛康

3. 羚牛　摄影 / 薛康

4. 世间第一眸　摄影 / 薛康

1

2. 文态神秘之美

文物神秘之繁盛

文冠天下之大美

古蜀文明以其仰望星空、

洗空宇宙、控引天地、

错综古今的民族想象力与文化创始力震惊世界，

成为今人认知视野难于理解的神秘莫测的奥秘。

2021年，三星堆考古再次震惊世界：

三号祭祀坑至八号祭祀坑初步发掘，出现更加令世人瞩目的青铜文明成果——全国最大的金面具、圆口方体铜尊、器形独特的顶尊跪坐人像、3000多年前的丝绸痕迹……经碳-14测定，其年代在距今3200年左右，与一号、二号祭祀坑均属殷商中晚期。

1. 三星堆二、三、八号坑新出土的三部件组合成功的顶尊曲身反躬，双足举飞鹰，尊上有羽人的青铜像 摄影／江聪

2. 三星堆三号祭祀坑出土的大型青铜器局部 摄影／江聪

3. 心态神妙之美

心胸磊落贮千古

和谐亲仁润心田

巴蜀精神家园和谐亲仁，气象非凡，体现中华民族的理想精神和梦想精神，其生活理想和生活态度映照数千年文脉，贯穿在大地文物上，弥漫在烟火生活里，浸润在大众心田里。

2

巴蜀石刻石窟艺术代表着中国晚期石刻石窟艺术的顶峰，最具代表性的有乐山大佛、大足石刻、安岳石刻……

1. 世界文化遗产：大足石刻 摄影 / 李代才
2. 唐宋时期成都万佛寺弥勒头像 摄影 / 李绪成

三　融文入游：巴蜀文脉融入旅游

天路·神游·优游

1. 峨眉山金顶十方普贤菩萨 摄影 / 李学群
2. 世界文化遗产：乐山大佛 摄影 / 李学群

1

1. 天路之旅（生态之美融入旅游）

天路嵯峨养殊俗

江渎河源润天府

“江渎”“河源”，

汇出四川盆地的大江大河、大山大岭，形成天路奇观

江山明丽错杂如锦之路

和雍互融民族花灿之路

岷江上中游不足500千米，拥有着四大世界自然遗产与文化遗产：

九寨沟—黄龙　四川大熊猫栖息地　青城山—都江堰　乐山大佛—峨眉山

1. 世界自然遗产：黄龙钙化池 摄影 / 姜跃斌

2. 乐山三江汇合处 摄影 / 李天社

2. 神游之旅（文态之美融入旅游）

神秘莫测多神游

仙禅合一诗意游

古蜀青铜文明奇境神游

古蜀道难今蜀道奇神游

仙禅儒文化圆通诗意游

2

三星堆出土文物金面罩用金箔捶打而成，其大小、造型与同坑出土的人头像面部相当，故有可能是从某件人头像上脱落下来的。其双眼镂空，鼻凸起。残宽 21.5 厘米，高 11.3 厘米，重 10.62 克

1. 三星堆遗址三号祭祀坑内出土的青铜器 摄影 / 江聪

2. 三星堆遗址一号祭祀坑内出土的金面罩 摄影 / 江聪

3. 优游之旅（心态之美融入旅游）

安逸巴适多优游

逍遥自在随便游

优游之美三境界：

“物我相偕”的观光游

“物我相融”的休闲游

“物我两忘”的体验游

1. 四川安岳毗卢洞第 5 号观音经变 北宋 摄影 / 刘长久

2. 合江出土的对吻俑 图片来源 / 李绪成

《悦读》结语：巴山蜀水相依，川渝同根同源

述说着同一种西南官话方言，

热爱着同样的烟火麻辣鲜香，

赓续着同一种文化生活根脉……

导引：怎样寻文脉？

一　话说“龙脉”

巴蜀素称“天府之国”，既有山川峻美的生态，地势形便，雄险幽秀，青峰竞奇，丹壑争流；又有秀冠华夏的文态——巴蜀文脉源远流长，名人文豪辈出，历史沉淀深厚，民族风情多样，民风民俗魅力独特。

在这里，自然、人文与社会风习多样形态相生相依，情景交融，造就了得天独厚、品位极高的天府之国。我们完全可以用“三态”“三神”来概括巴蜀。它指的是生态绿舟无边的神奇，文态世界无尽的神秘和心态家园无穷的神妙。这样的巴蜀，散发着永恒的魅力，蕴含着浓郁的兴味，吸引着越来越多的海内外游客纷至沓来，流连忘返。

为什么巴蜀会让人感觉如此神奇、神秘、神妙？

为什么一进入剑门雄关就会让人有“天路看殊俗”（杜甫《雨晴》）的感觉？为什么动物世界的“活化石”大熊猫主要在四川遗传生存800万年？换句话说，巴蜀具有能为大熊猫的栖息提供长达800万年的生存条件的生态基因，是不是同巴蜀山川的“龙脉”有关？这其中的奥秘，借用堪舆家的话来说，就在巴蜀“龙脉”的特异性上。

龙脉，原为旧时堪舆家望山水气势所用的术语，这是古人就人居环境建设的大量经验教训而总结出的一套评价山水地形优劣的方法。

“龙脉”用在地脉（包括山脉）上指推崇上风上水，避讳地气山势不顺畅，以免阻碍或冲撞人居。

熊猫家园 绘 / 谷克沙

熊猫栖息地——熊猫谷

用在水脉上指推崇上善若水，顺水之性，利用自然地势，尊重自然，选择龙脉束气结喉之所，构建活水人居环境。

用在文脉上指尽量揭示历史的信息，传承历史的记忆，尊重特殊地域、特殊人群的习俗品性传统，以历史文脉为根，让历史遗存、历史遗产得到活态保护和利用。所以，本书借用“龙脉”一词，说一说巴蜀的生态、文态和心态的特色与个性。

再进一步说，江山俊势与自然奇构，一草一木与一丘一壑，因人的主观世界的心态感触与艺术想象而构成江山之雄的奇观佳境，山川之秀的文章华藻，形成生态环境的“文化基因”，这是生态的“龙脉”。

人文习俗与社会风习，因日月浸久、习久成自然而构成生活思维方式的“文化基因”，又因社会结构与经济活动，代代相因而创意迭起，泽我文化，构成文态的“龙脉”。

心灵境界与美学追求则向善向上，冶性修身，培育家国天下的情怀，陶铸人民幸福生活的美好愿望，作为历代传承的精神文脉，此之谓心态家园的“龙脉”。

将上述三方面综合起来，就形成特定区域的文化“龙脉”。

它主要是指该区域的地脉、水脉和文脉。

地脉与水脉虽然是自然存在，但当人们用文化的眼光去观赏，并让人的“六识”（眼、耳、鼻、舌、身、意）与自然奇境发生文化的联系时，“采江山之俊势，观天下之奇作”的“采”和“观”就成了人对文化脉络的观察，

蜀道雄关 绘 / 谷克沙

蜀道剑门雄关：“天路看殊俗”

就出现了江山水势的异质点和不同特征，这也就是文脉了。

所以，归根到底，地脉和水脉也是文脉的组成部分。

文化是民族生存之根、发展之魂。

民族生存发展的行为、习性与思维，以文化为魂，以“集体文化性格”为核心，获得历史的延续性和连续的表现形式，形成一种传承不息的“选择性结构模式”，这就是历史文脉。

历史文脉是历时性的，它因几千年的历史积淀而成为历史传统；它又是空间性的，它将历史印痕、历史信息与历史记忆刻画于城市与乡村、街道与村落、环境与人群。方方面面的发展脉络和规律性的联系，就成为文脉。

所以，历史文脉实际包含地理的文脉、水文的文脉和人文历史的文脉，我们可以用“龙脉”或更广义的“文脉”来概括它。

对于巴蜀文化来说，要弄清巴蜀文明的生长史及其发展趋势，不能不研究巴蜀的地脉、水脉和文脉。

归纳起来说，也就是研究巴蜀的“龙脉”。

从更广义的角度说，研究“龙脉”也就是研究文脉。

所以，本书就命名为《巴蜀文脉》。

它又细分为巴蜀的地脉、水脉和历史文脉三大方面。

二　巴与蜀的合称怎么来的？

巴蜀文化区位于中国西南部，是指以四川盆地为中心，兼及北汉中、南滇黔周边地区“与巴蜀同俗”的区域。

它的腹心地区大致与今日川渝（四川省和重庆市）的区域相当。

巴地域与蜀地域又各自细分为“三巴”和“三蜀”：“三巴”指古巴东郡、巴郡和巴西郡区域；“三蜀”指古蜀郡、广汉郡和犍为郡区域。

今天的四川省包括古“三蜀”和巴西郡全部区域，还包含有巴郡一半区域。

今日重庆市则包括巴东郡全部和巴郡一半的区域。

从地形地貌讲，巴蜀文化区以“龙门山一大凉山”为界，东部是四川盆地，西部是川西山地和高原。地域范围为东经 97° 21′ 至 108° 33′，北纬 26° 03′ 至 34° 19′ 之间，绝大部分属于长江上游流域的内陆腹心地区，只有极西北的若尔盖草原一小部分属于黄河上游。

巴蜀文化区的地理特点是既有“江源”，又有“河源”。“江源”指岷江，它发源于岷山，古人把它视为长江之源，“四渎”之首。“河源”指“黄河第一湾”，在四川。

在战国以前的历史文献里，包括甲骨文在内，“巴”和“蜀”都是分称的

直到春秋战国时期，历史文献里巴和蜀这两个区域才连称在一起，合称“巴蜀”，最早的记载是《战国策·秦一》。

这个“巴蜀”合称过程透露了这样的信息：巴与蜀两个地域分别是巴文化共同体和蜀文化共同体的生长点，后来巴人与蜀人经过长期的文化交融交汇在一起，“巴蜀”才被春秋战国时期的人共认共识为一个地域文化共同体。

巴与蜀是由以先祖伏羲传至古羌人为文化标识的秦陇文化直接哺育而生长的同根同源的两兄弟，在长期互交互融中逐步融合在一起，生发出“心向中原”的国家认同与民族认同意识，并在不间断反哺性奉献于中华文化母体的进程中，融合为一支同脉共振的巴蜀地域文化。

巴蜀动物资源十分丰富，
被列入国家保护的珍稀动物有 55 种。
大熊猫是生存 800 万年的古老动物活化石，
曾经受过第四纪冰川的严峻考验……
摄影 / 薛康

三 “天府之国”“陆海之乡”的由来

“天府之国”是巴蜀地域文化的特殊文化符号，是巴蜀文化的代表性象征。巴蜀文脉的索解，首先得从这个称呼释起。

大家熟知川渝自古即有“天府”之称，但这顶桂冠的得来是不容易的，是历代蜀人连续奋斗争来的。以“天府之国”专称四川，更是蜀人祖先累代经营和智慧积累的结果，是一个历史变迁的过程。

“天府”的原意，“天”指天帝，“府”指蓄聚，合起来指的是天帝的府库。根据《周礼·春官》的记载：“天府，掌祖庙之守藏。”指的是西周时中央朝廷管理王室宗庙祭物礼器、宝物和图书典籍的礼仪重地与书香阆苑，形容朝廷仓库充实，亦常说“珍奇宝货，富于天府”。后来就用这个对上天府库满怀敬畏的称呼来形容膏壤肥沃、物产丰盈的地区。

最早获得“天府”这一殊荣的是战国后期的秦国。而最早把秦国称为“天府”“天下雄国”的则是战国时的大纵横家苏秦。他对秦惠文王说：“大王之国，西有巴、蜀、汉中之利，北有胡貉、代马之用，南有巫山、黔中之限，东有肴、函之固。田肥美，民殷富，战车万乘，奋击百万，沃野千里，蓄积饶多，地势形便。此所谓天府，天下之雄国也。”（《战国策·秦一》）这句话里的“天府”主要指的是“沃野千里”的关中地区。当秦国灭巴蜀，统一全国，建立秦朝后，“天府”一词遂成为“三中”（关中、汉中、蜀中）的泛称，包括当时秦朝所辖的关中“八百里秦川”、嘉陵江与汉水流域的汉中和“都广之野”的成都三大平原地区在内，而当时京师关中则是“天府”区域的中心，汉中与蜀中只处于辅助地位，更没有专门用“天府”来作为蜀的代称。

但到西汉以后，由于富饶的巴蜀地位越来越显著，“天府”一词便逐渐成为专指成都平原乃至整个四川盆地的专用名词。

到东汉时，本来应是“天府”首善区域的关中，反而地位下降，富庶不如蜀中，故不再被叫作“天府”，而是号为“近蜀”（左思《蜀都赋》）了，即接近于“蜀”的富庶水平，“天府”这顶桂冠反倒为巴蜀所得，成为巴蜀的专门称谓了。

到三国蜀汉时，诸葛亮在《隆中对》中，才第一次以“天府”专称蜀地：“益州险塞，沃野千里，天府之土。”后来，晋人常璩著《华阳国志》即沿用其说：“地称天府，原曰华阳”，“时无荒年，天下谓之天府也”。从此，“天府之国”即成为巴蜀的专称，直到现在我们四川还独享这笔历史财富。

除了“天府”一名，巴蜀还有个“陆海”的称呼，鲜为人知。

晋人常璩《华阳国志》记载了古人对巴蜀的评价，戴了两顶桂冠。一顶是“水旱从人，不知饥馑，时无荒年，天下谓之天府也”。另一顶是“蜀沃野千里，号为陆海”。“天府”象征天帝的府库，形容巴蜀山川峻秀，乃宇宙之奇观。“陆海”是形容四川盆地沃野千里，物产丰饶，宛然陆上海洋的聚宝盆。故《汉书·地理志》颜师古注认为“陆海”称呼的内涵指的是“高陆而饶物产，如海之无所不出”。

巴蜀是天府之国，也是陆海之乡，有着优美的生态环境，丰富的自然资源，曲尽观览之妙；更兼具人文情怀与大自然进一步交融契合的特征，使游人视通天庭，心与物游，万趣融于神思，物我趋于一体，乃至物我两忘，心灵获得净化和升华，甚至获得高度的美感和突发的灵感，容易达到神游与逍遥游的“安逸”（蜀方言）和“巴适”（巴方言）境界。

巴蜀代指四川，
源于这块红色盆地的两个古国——巴国、蜀国，
大致以涪江流域为界，
西为蜀，
东为巴。

惠泽天府 绘 / 谷克沙
都江堰全景　都江堰水利工程作为一套完整的水利灌溉系统，就是从“灌口”开始的。

四　巴蜀文脉诸发展形态

巴蜀同时拥有“江源”和“河源”，是巴蜀文脉形态发展的一大特色。

巴蜀是长江上游古文明的起源地和中心，古人认为岷江是长江的源头，故称岷江为“江源”，是被称为“四渎[①]”（“江、河、淮、济”）的四大入海河流的源头河道之一，故“江源”（岷江）又被称为“江渎”。因“江渎”是都广之野文明伴生之母，故蜀人有“江渎神”信仰，在汶川、都江堰市以及成都城内内江边（今成都市汪家拐）还设有江渎庙祭祀。

巴蜀也是黄河上游文化的重要组成部分。阿坝州的阿坝、红原和若尔盖草原属于黄河上游第一湾流域。晋人张华《博物志》说：“蜀汉之土，与秦同域。”西汉司马迁《史记·天官书》说：“中国山川东北流，其维，首在陇、蜀。”巴人、蜀人最早是从天水秦州古羌人区域经秦陇、河湟而“右陇蜀”迁来的。秦陇关中河洛文化是养育巴人蜀人两兄弟的母体，是由陇到蜀同根同源发展出来的。陇蜀文化正是长江上游“江渎”和黄河上游“河渎”区域文化的源头。巴蜀正是长江文化与黄河文化交融发展的一个重要摇篮。

从文脉纵通的角度看，巴文明与蜀文明有共通的始源，又分东西两边共同脉动发展而形成巴蜀文化共同体，并以中原文化为向心力、凝聚力的核心，不断增强中华民族大一统共同体的国家认同和民族认同意识，以多元的独异的区域个性的特色发展，形成巴蜀文明自我发展的文脉。

---

①“渎”的字义是初、始、雏之义。江河之初源，称“渎”。书籍阅览之初，称为“读”。简帛初写字，称为“牍”。初生小牛称为“犊”。“椟”指初装木匣，有“买椟还珠”的成语。

概括而言，主要有下列六方面：

一是从横向空间布局脉络发展看，因四川盆地的特殊地势和历史发展的积淀，巴蜀文化形成了以盆底汉族为主体的巴文化与蜀文化，同以盆周（包括横断山脉）少数民族为主体的巴文化与蜀文化相结合的分布格局。

汉族的巴蜀文化主要集中在四川盆地的盆底区域，并以它为中心，辐射盆底四周，连接横断山脉、青藏高原和云贵高原区域的少数民族文化，形成主体突出、包容和谐的共生性文化。

四川盆地的盆底历史上主要是汉族（最早称为“巴人”“蜀人”）为主体的巴蜀文脉数千年的绵延衍变区域，而盆地四周，特别是西部横断山脉，历史上最早是西南夷，后来是藏羌彝多民族文化迁徙和交流的走廊。

四川是全国最大的彝族聚居区、第二大藏族聚居区和唯一的羌族自治县所在地，有 14 个世居少数民族。民族风情浓郁而独特，奇异的民族风俗、绚丽多彩的民族服饰、各式各样的民族建筑、各具特色的民族节日，无不充满了民族文化的内涵和审美价值。大凉山彝族每年一度的火把节、甘孜州的康巴文化、阿坝州的嘉绒藏文化、泸沽湖摩梭人母系文化、重庆市的土家族文化、乡城与稻城亚丁的“最后的香格里拉”生态文化，诸种高品位文化资源都在广义的巴蜀文化区，具有旅游开发潜力和价值。

二是从纵向空间发展脉络看，巴蜀文化是伴水而生的文化，它以江源文明为主线，以岷江水系、金沙江水系、嘉陵江水系和涪江水系为文化走廊，形成向心形与扇形辐射状文化通道，将盆底文明与盆周文明紧密联系，成为一个巴蜀文明的天然共同体。其中，岷江水系基本上是在蜀人所居的“三蜀”文化区，嘉陵江流域基本上是在巴人所居的“三巴”文化区，沱江流域是巴人蜀人交汇区，金沙江流域是腹地通向古西南夷、今云贵川藏羌彝民族走廊的文化区，至今仍是四川多民族聚居杂居之乡。

三是从地域文化的内涵差异看，各个地域的祖源文化信仰，各有自己地域的特色。

中原文化是重礼乐重礼器的文化，以《诗经》为其文化元典的代表。

中原文化是四面八方各地域文化向心力、凝聚力形成一统的核心。

因此，中原礼乐文明成为各地域文化认同效法的第一个“早期中国”向心形结构的中心与源头。而各个地域文化又以自成一系的地方特色文化体系，共同簇拥着中华母体文化，形成多元一统、多源一脉的宏伟格局。

南方文化重巫化，它的元典是《楚辞》。南方文化又可细分为若干区域，其中的楚重巫化，巴重鬼化，蜀重仙化，这是几种特色不同的民族文化想象力与不同的思维方式的体现，由此而将巴蜀文化与其他地域文化区别开来。蜀王蚕丛、柏濩、鱼凫“此三代各数百岁，皆神化不死，其民亦颇随王化去”。杜宇魂化杜鹃，开明上天为开明兽，都是仙化。其源可溯至三星堆遗址的仙鸟崇拜和金沙遗址的太阳神鸟、玉琮羽人，这是蜀人最初以羽化成仙为地域特征的人类文化想象力的起源处。后来在东汉时期，张陵于蜀中就以古蜀神仙道的羽化升仙形象为根脉，撰写《羽化飞天经》，创立了道教。由此可见蜀人的文化创意力多用在仙化和幻化方面。用今天的术语讲，就叫蜀人多浪漫主义，多球形思维，想象力丰富。这成为蜀文学从扬马（扬雄、司马相如）到郭巴（郭沫若、巴金）等天下文宗薪火相传的浪漫梦想精神的根源。

巴人的文化创意力则多用在重鬼尚巫的特色方面。鬼，在甲骨文中是大头人形象。在巴人的祖先崇拜里，想象其祖先就是充满聪明智慧、孔武有力的“大脑壳”，故尊称为“鬼”。故巴人祖源文化的特点是重鬼尚巫。今天的丰都是巴人重鬼尚巫的文化地标。

四是从地域文化形态上看，中华文明是多元一体、多源一脉的大一统文化中华共同体。巴蜀文明从古到今延续五千年，自成体系，绵绵相属，从未中断，是中华民族文明多元一体、多源一脉宏伟格局中的一支瑰丽诡谲的地域文化。它自古以来就是在中华母体文明的哺育下成长起来的，又以自己瑰玮绝丽的文化个性和地域文化创始力，不间断地为大一统文化中国母体作出反哺性的宏伟贡献。

巴蜀文化是百万年人类史上连绵不断的中华文化常青树的浪漫奇葩，也是全人类文化谱系树上闪耀着中华民族想象力与创新力智慧结晶的硕果。它是中华文明重要的源头之一，在长江文化史上乃至整个中华文明起源史上占有重要的地位。

夏商周断代工程首席科学家李学勤先生认为："近年历史学、考古学的进展业已证明，中华文化自古以来就是多民族、多地区的。灿烂光辉的中国文明，系各民族、地区人民所共同缔造。文明起源的研究，是现代科学的重大问题之一。""可以断言，如果没有对巴蜀文化的深入研究，便不能构成中国文明起源和发展的完整图景。考虑到巴蜀文化本身的特色，以及其与中原、西部、南方各古代文化间具有的种种关系，中国文明研究中的不少问题，恐怕必须由巴蜀文化求得解决。"这些看法是非常有启迪性的。

根据现代考古学家苏秉琦先生的理论，中华国家文明形成有三种模式，即原生型、次生型和续生型。

各地域文化往往具有原生型文明特点。中原文化具有原生型文明的根系。近年来，河南巩义市河洛镇双槐村发掘出5300年前仰韶文化庙底沟类型晚期的"河洛古国"遗址，证实中原文化是"黄河文化之根"，是"早期中华文明的胚胎"，可能是"黄帝时代的都邑所在"，"中华文明的根和魂在这里"。

竹海农家 绘 / 谷克沙

蜀南竹海，位于川、滇、黔三省交界处，总面积为 102 平方千米。

中原文化“占有在中华文明的中心地位”，是中华多元一体、多源一脉的广域文化共同体中各地域文化向心凝聚力共同的源头。

在中华多元地域文化中，成都平原古蜀文明同辽西的红山文化，刚好一在西南，一在东北，这是中华大地上两颗有着悠久而独特始源的文化明珠，同是中华多元一体的大文化中地域文明的源头，显示了“中华文明的曙光”，是地域原生型文明的典型。

战国晚期，秦灭掉巴蜀方国，以巴蜀为统一全国的根据地，成就了中华大一统。巴蜀在秦始皇时代由方国被并入大一统帝国。

应该说，“天府之国”不仅为秦帝国的形成奠定了深厚的物质基础，而且还以其悠久而独特的始源及其青铜文明辉煌发展的巴蜀原生型文化，为与关陇秦文化的融汇凝心聚力，为秦帝国的形成奠定了文化基础。

总之，各地域原生型文明互相交融，中原文化逐步成为四面八方的地域文化凝聚力的核心。巴蜀早在五帝时代，蜀山氏就与黄帝之子昌意、孙颛顼相融合，在蜀山若水最早发展出高阳氏文化。

五是巴人与蜀人具有不同的集体文化性格。巴人刚，蜀人柔，刚柔相济，其发展文脉，使巴蜀成为文化巨人之乡和才女之乡，也是伟人英杰之乡。

“巴蜀自古出文宗”，巴蜀是中国文坛领袖的孕育地。“文宗在蜀”，从汉代司马相如、王褒、严君平和扬雄到唐代陈子昂、李白、杜甫，到宋代苏轼、陆游，再到明代杨升庵，清代张问陶、李调元，直到现当代郭沫若、巴金等天下秀才，形成了居于全国文坛鼎堂地位的传统。“蜀女自古多才”，卓文君、王昭君（冯梦龙、凌濛初“三言二拍”称其为“成都姑娘”）、武则天、杨贵妃、黄崇嘏、花蕊夫人、黄娥，她们都是佼佼一流的才女。

巴蜀还是伟大政治家、改革开放的总设计师邓小平以及杰出将帅的故乡，是从古巴蔓子到朱德、刘伯承、陈毅、聂荣臻、罗瑞卿、江竹筠等英杰的故里。分而言之，川西的蜀多出文宗，川东的巴多出将帅，古人说“巴出将，蜀出相，自古已然”，这一文化特征从古影响到今，显然，巴蜀能成为伟人英杰、文化巨人的故乡，应该有两千多年的历史渊源。

六是文化融入旅游，有五大层面：以遗址、遗迹、遗存、古建筑等可移动与不可移动文物为代表的历史文化层面，以现代文化、艺术、科技成果为代表的现代文化层面，以展现中国式现代化万千气象为代表的巴蜀红潮革命文化层面，以多样化衣食住行习俗为代表的民情风俗层面，以人际交流、自我文化心理体验为代表的康乐伦理层面。围绕巴蜀文化融入旅游圈这个主体形成旅游文化圈层式结构，成为有主体核心并“驰骛乎兼容并包”（司马相如《难蜀父老》）的开放型文化结构。

五　追求心灵美学境界的怡人文化

巴蜀文脉具有巴蜀人自己的集体文化性格选择性结构模式，包括“意识性结构模式”（即非物质文化遗产）和“非意识性结构模式”（即物质文化遗产）两种。

这里把巴蜀非物质文化遗产发展的历史文脉说一说。

巴蜀民间文化和民间习俗源远流长，有着丰富的、具有地方特色的非物质文化遗产发展的脉络。

早在唐代，成都就是傀儡戏（木偶）、参军戏（猴戏）和“唐杂剧”（世界最早戏剧的雏形）诞生的故乡，也是世界最早的戏班子“贴衙俳儿”产生的地方，还是世界最早的“水纹地衣”（舞台机械化布景）的产生地，故有“蜀戏冠天下”的美誉。

川剧和清音曲艺正是承袭“蜀戏冠天下”的历史优势而发展起来的。川剧艺术是融昆曲、高腔、胡琴、弹戏和灯戏五种声腔为一体，且有变脸、踩高跷、甩水袖、翎子功等绝活的表演艺术，在海内外广受赞誉。

四川清音、扬琴、竹琴、洛带火龙、泸县雨坛云龙、川北花灯、南充大木偶、王文坤皮影、芦山灯戏、广安背篓戏、飞刀花鼓、资阳九莲灯、广元射箭提阳戏、平武白马藏人跳曹盖等民间曲艺绝活，源远流长。

特别是川剧高腔及帮腔，同武王伐纣时期巴蜀勇锐之师“歌舞以凌殷人”的巴渝舞，同唐宋以后的竹枝词，有很深的渊源关系。其特征主要是怡身畅神，悠哉游哉，显示出巴蜀人的文化性格和巴蜀民俗世界的多样性。

至于藏族的经幡和神舞，羌族的祭山和咂酒，大凉山的火把节，泸沽湖的阿肖婚，还有历代文人墨客和豪杰之士在蜀地留下的踪迹和传奇，则折射出巴蜀心灵世界无穷的神妙。

再进一步说，“神妙的心灵世界”主要是指蜀人在文化心理和思维定式上有浪漫奇特、不循故辙的球形思维传统。从三星堆古蜀人的诡异面具到西晋成汉墓同样怪异的陶俑，从司马相如的汉大赋至李太白之为诗仙，从苏轼的豪放与梦幻到郭沫若的泛神与浪漫，都展示出这样的思维传统。

就蜀人而言，其特殊性更为突出：一是蜀人好“仙化世界”——浪漫奇特的球形思维传统；二是从被汉代人称为“西道孔子”的扬雄起，直到杨升庵、郭沫若等都有好作翻案文章的逆向思维传统；三是清代白族文学家赵藩所作成都武侯祠“攻心联”指出来的能“审势”，“后来治蜀要深思”——关心国家治策的求实思维传统。这三者构成蜀人神妙的心灵世界，也造就了前面所说的那些产生于巴蜀的百科全书式的文化巨人。

艺术化、文学化的游赏休闲之习，是巴蜀民俗怡人文化的又一个优良传统和特色所在。

仙山幽境 绘 / 谷克沙

唐宋以来，对巴蜀游赏之习加以赞赏的著述不绝如缕。《宋高僧传》说："蜀土尤尚二月八日、四月八日，每至二时，四方大集，驰骋游遨。"《岁华纪丽谱》提要说："成都自唐宋号为繁庶，甲于西南……富贵优闲，岁时燕集，浸相沿习……遨头行乐……其风未息……皆因其土俗，不废娱游……歌咏风流，亦往往传为佳话。"明人何宇度说："四川百户繁饶，富庶之余，溢为奢丽，岁时游乐，亦自古为盛。"请看，"驰骋游遨""富贵优闲""遨头行乐""岁时游乐"，其旅游形态可谓多种多样，神仙境界，不亦乐乎！"寖相沿习""其风未息""皆因其土俗，不废娱游""自古为盛"，可见游赏之习已形成历代相承的传统，成为巴蜀的个性。特别是太守作"遨头"，带领民众自备"遨床"（小板凳），作艺术化、文学化、好风雅的"遨游"，如浣花游、大游江、小游江等艺术遨游，是成都最早的文化融入旅游的源头。

最后要说明一下，上述"非遗"遗产，主要是明清时期才盛行于市民社会，传承至今。但它的源头很早，主要是汉唐精英文化转型为宋元明清平民文化的产物。

六　巴蜀文脉的基本性质：动与静共生，城与乡共融

巴蜀文化，既有"人猿相揖别"的两百万年巫山人开头的人类史和陇蜀万年文化史的生长基因，又有新石器时代晚期以来农业文明发生，直至天府农桑文明秀冠发展的五千年文脉，至今有深厚的积淀。

从积淀的文化成果看，主要包含两方面。一方面是天府农耕与蚕桑丝绸相结合的传统农桑生产方式秀冠天下："盖其物产富力""士

民之庶，物力之饶，甲乎天下”“实已为中国之冠”。另一方面，它又具有崇尚与自然和谐共生的理念，乐于“安逸”（蜀人方言）、“巴适”（巴人方言），城乡一体，和谐宜居，“俗不愁苦，人多工巧”的生活方式。

这样的生产方式与生活方式长久地积淀和升华，就集中衍变为城乡浑然一体发展的城市社会文明和乡村社会文明。它具有生活方式的静穆与灵动、封闭与开放相结合的两重性：一方面，巴蜀文化是诞生和发展于农业社会时期的静态文化，如同中华传统农耕文明一样，具有一定的封闭性；另一方面，巴蜀文化因为水利的发达、河网的密布，四大水系与外界呈南北向和东西向的纵轴与横轴交叉形联系，加之城市工商业的兴盛，它又是充满活力的动态文化，有着强烈的冲出盆地、开放市场和探求知识的欲望。

这种动与静的结合，封闭中有开放途径（例如西南丝绸之路和栈道向外的拓展和交流）和开放下有封闭心态（例如成都城名两千年不变，城址三千年不迁）的结合，就是巴蜀文化的根本性质，是巴蜀文化最大的历史个性。

用马克思的话来说，东方世界不同于日耳曼世界，走的是“城市乡村化的道路”，东方世界多是“田园共和国”。

巴蜀文化发展的路径是天地人合一、城乡浑然一体的“田园共和国”路径，城市就是有城垣的农村。这一特性和发展路径对今日旅游业的最强烈影响，就是为今天留下了观念形态上历代“西蜀游赏休闲之俗甲于天下”的旅游遗产。

而其对今天乡村振兴的最强烈影响，就是为今人留下了“城乡浑然一体”，城就是乡，乡就是城，乡村优美的生态环境与城市方便的现代生活方式有机结合的发展模式的历史财富。再从理论上看，就是马克思指出的东方世界现代化道路，走的是“城市乡村化”的发展路径，与西方世界“乡村城市化”的现代化路径迥然不同，存在着本质的差别。

巴蜀文脉从古至今五千年的农耕文化，成为其基本性质及其展现面貌的决定性因素。就是到了近现代，进入工业社会、信息社会，这一决定性因素还对巴蜀城乡化一体建设、巴蜀乡村振兴、巴蜀生态文态环境，以及巴蜀人的心理状况、思维方式、社会习俗和人情世态起着极大的根、脉、魂的作用，为中国式现代化万千气象中的巴蜀文化千姿百态新篇章的构建，留下了不可多得的“瑰玮绝丽”（钱穆先生语）的历史遗产。

宝瓶口 摄影 / 何勃

贡嘎山，位于中国第一、二级阶梯的分界线上，世界上 7000 米以上的高峰大多都在贡嘎以西，东部则是两三千米高的传统名山。

摄影 / 吕玲珑

九寨沟 绘 / 谷克沙

巴蜀地脉

宇宙绝观　优游天府

锦江春色花无数，擘画巴山蜀水；
宇宙绝观脉悠长，咏哦万户千门。

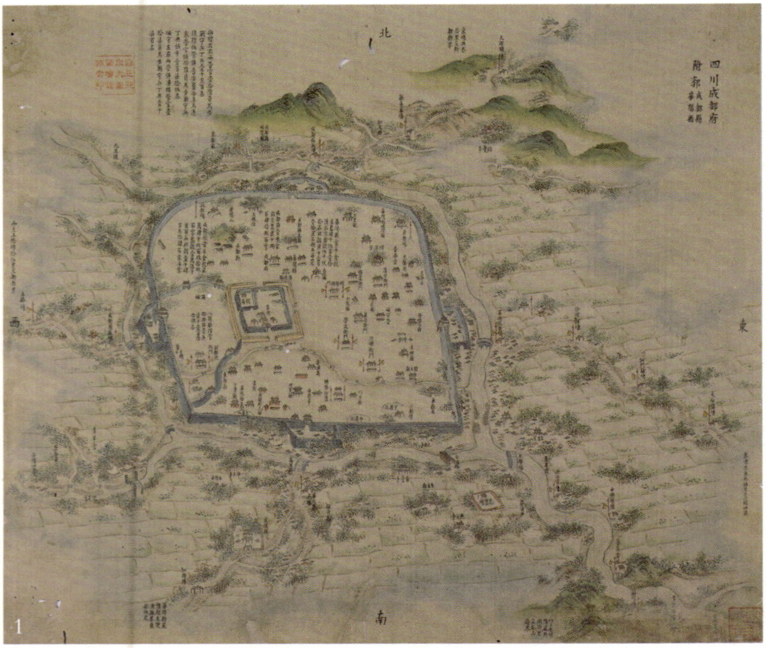

1.《四川全图》之成都府，附郭成都县、华阳县 图片来源 / 四川大学博物馆藏

2.《四川全图》之重庆府，附郭巴县 图片来源 / 四川大学博物馆藏

一 巴蜀地域范围

巴蜀文化区位于中国西南部，是以四川盆地为中心，兼及周边地区而风俗略同的稳定的地域共同体。它的腹心地区大致与今日四川省和重庆市的区域相当。不过，在古代，巴蜀文化区的地域范围要宽泛得多，还包括汉中盆地、黔涪高原、鄂西南和湘西山地等“与巴蜀同俗”的区域。

就巴蜀文化区的中心区域而言，它以“龙门山—大凉山”为界，东部是四川盆地，西部是川西山地和高原，地域范围为东经 97° 21′ 至 108° 33′，北纬 26° 03′ 至 34° 19′ 之间，绝大部分属于长江上游流域的内陆腹心地区，只有极西北的若尔盖草原一小部分属于黄河上游。黄河上游在这里形成地理形势的“第一湾”，遂向东北流去，再未经过巴蜀区域地界。

故巴蜀区域主要还是属于长江流域，巴蜀文化主要是在以“江源”（即“江渎”）为龙头的长江流域成长发展起来的。但它又是从黄河上游中原文化秦陇伏羲氏古羌人区域迁下来的巴人和蜀人两个族群融会的文化。故地理形势上秦陇连巴蜀，黄河是孕育巴蜀子系文化的母体，长江是巴蜀文化巨人成长的摇篮。

它的西北与青海相接，北部与甘肃、陕西为邻，东连湖北、湖南，南临贵州、云南，西倚西藏。

从世界地图上，我们可以看到一个有趣的现象：

巴蜀位于东亚大陆腹地的“两河流域”——黄河与长江之间，而与巴蜀同纬度的西亚的美索不达米亚则位于西亚“两河流域”之间的肥沃新月地带，还有同纬度的北非尼罗河谷，它们都有相似的地理条件，即土地肥沃，水源充足，物产丰富，是人类古代文明的生长区……

稻城古冰帽 摄影 / 吕玲珑

地质年代的第四纪中生代以前（7000 多万年前），巴蜀地区仍是一个内陆大湖——巴蜀湖。

距今 7000 多万年，由于地壳内部运动，巴蜀湖湖底开始隆起……至今，稻城的海子山依然可见青藏高原上最大的古冰体遗址——稻城古冰帽。

稻城，蓝色星球上的最后一片净土。

稻城海子山拥有大小 1145 个高山海子，遍布在方圆 3200 多平方千米的土地上，记载着冰河时期地球留下的寒冷记忆。这里不仅遗留着大自然最古老的痕迹，如今还发现了远古人类生活的线索——稻城皮洛遗址，距今 13 万年。

2021 年，海拔 3750 米的高原上，皮洛遗址揭露出的七个连续的地层堆积和文化层位，完整保留、系统展示了“砾石石器组合 – 阿舍利技术体系 – 石片石器体系”的旧石器时代文化发展过程，首次建立了四川和中国西南地区连贯、具有标志性的旧石器时代特定时段的文化序列，为该区域其他遗址和相关材料树立了对比研究的参照和标尺，填补了该地区乃至青藏高原旧石器时代考古的一项空白……

1

古代巴蜀同属一个经济文化区，
蜀以优越农商为特色，
巴以水居渔猎为特色。

二 巴蜀地貌环境

巴蜀地形复杂多样，含盆地、平原、丘陵、山地、高原、高山诸种类型，大致可划分为东西两部分。东部为四川盆地，西部为川西山地和高原。

东部：地形为典型的发育完整、周延无缺的盆状，四周为群山环拱，西连青藏高原，海拔在4000米以上；北界秦岭和大巴山，海拔约在2000米以上；南界苗岭，高度稍低，海拔亦在1000米以上；中部盆底低下平坦，地质上乃古代一内陆湖盆，因沉积有巨厚的侏罗纪、白垩纪紫红色砂页岩，故又有“红色盆地”之称。盆底大致可以广元、雅安、叙永和奉节四地的连线为界，面积约17万平方千米，形状像个菱形的大盆。

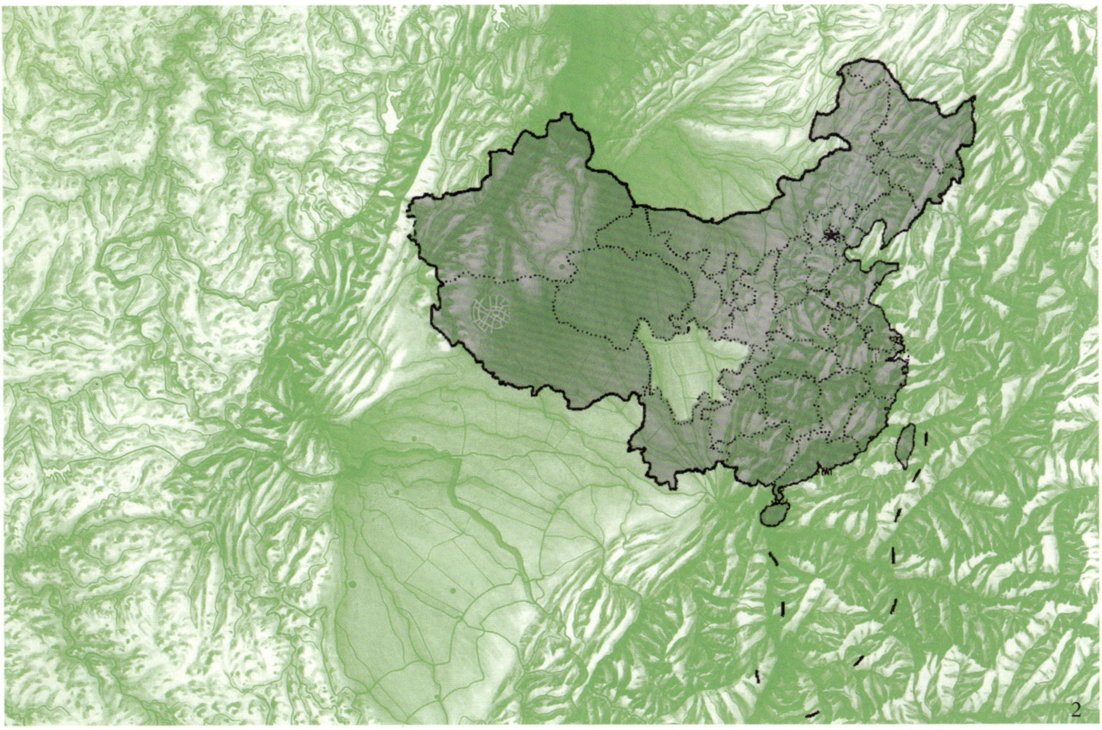
2

审图号：GS（2016）1552号
自然资源部 监制

1. 黄河九曲第一湾 摄影 / 姜跃斌
2. 四川在中国的位置 四川地貌图

在盆地地貌图上，以华蓥山、龙泉山为界，我们可以用笔画出盆地内部西、中、东三个部分。

西为川西冲积平原，居于龙泉山以西，面积为9000平方千米，是四川全省仅有的大平原。其中，以岷江、沱江冲积成的成都平原为最大，为盆地中农产最盛、人口最密区域，古称“华阳之地”。因在华山之南，古人以山南水北为阳，故称为“华阳国”，是巴蜀古文明兴起的中心地域。

中为龙泉山与华蓥山之间的川中方山丘陵，已辟为梯田、台地，是全省最大的农业区。

东为华蓥山以东的川东平行岭谷，由西山（华蓥山）、中山（铜锣山）、东山（明月山）等大小20余条条状山岭和丘陵台地相间排列而成。

盆地内地形，山地约占40%，丘陵占51.9%，平原占7.2%。因地形多样，物产丰饶，资源丰厚，自然条件十分优越，自古以来即为农业富庶之区。

“天府之国”的美誉，主要就是指的四川盆地。

盆地周边，四周高山连绵，为盆地与邻接地区间的自然界线。

盆地北缘为米仓山和大巴山，山外为汉水河谷盆地。

盆地东缘为川鄂界上的巫山山脉，乃长江三峡地貌的展示处，其外为湖广盆地，古称“云梦泽”。

盆地东南缘为武陵山脉，山间为施南盆地，属于湖北，以七曜山为川鄂分界线。

正南缘为娄山山脉，横亘其外为云贵高原。

西南缘为大小凉山，山外为宁南高原。

西缘为龙门山、邛崃山、夹金山、大相岭，山外为青藏高原东麓和横断山脉南端。

盆地的特殊地理环境，对巴蜀文明的产生、发展和演变带来强烈影响：一方面，盆地四周有高山屏障，自成一个地理单元，古称“四塞之国”，使它的文化面貌具有显著的独特性，即古人所谓“人情物态，别是一方”；另

横断山脉崇山峻岭中的茂县碉楼 摄影 / 吕玲珑

川南宜宾珙县僰人悬棺 摄影 / 李天社

一方面，巴蜀文化虽不可避免地具有农业文明的封闭性和静态性，但它也具有对外努力开拓的开放性和对内充分凝聚的向心性。这一特点在相当程度上与地理环境有关，而且时代越古，这种关系越密切。尤其是环境的多样化和兼容性带来山林竹木，瓜果药材、北粟南稻、桑蚕漆蜡，应有尽有，比东亚大陆哪个区域都要富饶，从而促成了巴蜀人巧思勤作、不畏艰险、勇于开拓等个性传统的形成。

要想跨出盆地，那么，东出三峡，便与楚文化的孕育地江汉平原山水相通；北越秦岭、大巴山，便与秦陇文化的中心关中之地岭谷相连；走近西北，则与横断山脉的“藏彝羌走廊”相接。

所以，司马迁说“栈道千里，无所不通”，本来闭塞的盆地反而因地理条件的多样性和多变性而导致古代四方的交通和经济文化交流的多元便利，形成巴蜀文化善于兼容和开放的明显特点。

西部包括盆地西缘山地以西的高原和高山峡谷地区。

西北为甘孜—阿坝高原，为“世界屋脊”青藏高原的东南一隅。

发源于岷山高原上的岷江上游地区，古称“江源”，是氐羌高原文化较早发展起来的地方，也是蜀文化的来源地之一。

西则为横断山脉，有沙鲁里山、大雪山、邛崃山和大凉山，是我国西南横断山脉的北翼，山脊海拔均在四五千米以上。

其中大雪山之巅的贡嘎山高达 7508.9 米，是四川第一高峰，白雪皑皑，冰川峥嵘。这里，山大谷窄，峻岭深壑，巉崖峭壁，险阻异常。岭谷高差往往在两三千米以上，是全国地表起伏最悬殊的地区之一。这里从北到南，大雪山、邛崃山和大凉山等南北向山脉构成横断山脉，是四川东部和西部重要的地理分界线，是农业区域与游牧区域天然的界线。东部和西部不同特征的地貌、气候、植被、农业和民族，均在这里分界，表现出明显的差异。

1

三　巴蜀生态环境

良好的生态环境，是巴蜀文化生长、繁衍的温床，它不但造福于历史，而且造福于当下，还将继续造福于未来，直至永远。

巴蜀境域以今四川省和重庆市而论，正好位于北纬 30° 上下，与世界纬度同在 30° 上下和其他国家和地区相比较，生态环境和气候差异性都很大。在这一纬度上下的其他国家和地区多是沙漠横亘区域。这些地方的古文明发生区域犹如沙漠中星星点点的绿洲。而巴蜀境域则不同，这里没有同纬度的沙漠现象，而是内部地形差异极大，受不同季风环流的交替影响，表现为亚热带、暖温带、温带、寒温带等诸种气候和动植物的多种生长类型，大致可划分为东部亚热带湿润气候和西部高原冬干夏雨气候两大类型。

盆地东部四面环山，冬季寒潮不易入侵，夏季熏风现象显著，具有冬暖、夏热、春旱，无霜期长，雨量充沛，湿度大，云雾多，日照少，秋季多绵雨的特点。

雅安一带是全省雨量最多的区域，有“雨城”之称，“西蜀天漏”就是形容盆地多雨的特征。

重庆市则因云雾多而被称为“雾城”。

1. 川东三峡特色地貌 图片来源 /《巴蜀图典》
2. 川西都江堰宝瓶口 摄影 / 苏碧群

成都平原，古称“都广之野”，适宜于稻粟百谷种植和亚热带常绿阔叶林生长，正如《山海经·海内西经》所言：“爰有膏菽、膏稻、膏黍、膏稷，百谷自生，冬夏播琴（即“殖”字）。鸾鸟自歌，凤鸟自儛，灵寿实华，草木所聚。爰有百兽，相群爰处。此草也，冬夏不死。”

近年来在成都市区西北的金沙遗址发掘出数量极多的殷周时期的象牙，这说明当时的成都平原适宜象群生长，属于亚热带气候。这里自古即是山清水秀，植被葱茏绿郁，夏无酷暑，冬无严寒，适于农耕，生物和谐爰处的美丽富饶之地，故有“天府之国”的美称。需要了解的是，象群有个南迁过程。象群先在北方生长，后来随气候变化逐步向南方迁徙。殷商时期除中原生长象外，成都平原与岷山也是适宜象群生长的区域。后因气候变冷，象群自东周时期即开始南迁，成都平原在宋代还发现过一头象，这是此地最后有象的记录。后来大象就一直往南迁，至云南，今西双版纳区域才有象群生长。再往南迁就是东南亚了。

1. 贡嘎雪山下盛开的高山杜鹃 摄影 / 吕玲珑
2. 九寨沟长海的冬季 摄影 / 桑杰

巴蜀地域的生态环境还有“南稻北粟兼而有之”的特点。这里是东南方的稻作农业与西北高原地带粟作农业两大文化板块的交接处，因而给巴蜀农业文明刻上了南北作物交汇、南北耕作交融的烙印，很早即成为农业栽培的发达之区。2021 年十二桥遗址、金沙遗址即发掘出稻田和稻种，是“都广之野”稻粟耕种田蚕织作方式兼而有之的实证。

西部高原地形复杂，海拔悬殊，因而气候变化很大，有多种类型，具有干季雨季分明、日照充足、气温年差较小而日差较大的季风高原型气候特点。

十分罕见的是高山垂直带谱气候。例如，雄伟壮丽的贡嘎山西接雅砻江，东临大渡河，山高谷深，水流湍急，气候温和，雨量充沛。山脚到山顶垂直气候差别很大；山下盛夏骄阳，青稞茁壮；山腰春光明媚，草绿花红；山顶白雪皑皑，冰川剔透，其中最大的海螺沟冰川绵延 15 千米。“一山有四季，十里不同天”，“人间四月芳菲尽，山寺桃花始盛开”，是一山气候垂直方向急剧变化的真实写照。高原南端的金沙江、安宁河谷地区纬度较低，海拔较高，加以北部群山阻隔，气候独具一格，既有干季雨季分明的季风高原型气候特征，又有冬暖夏凉、四季不鲜明的低纬度亚热带气候特征。

1

巴蜀西部高原最大最美的生态自然亮点在稻城亚丁和乡城区域。这里拥有人类与自然和谐共生的最纯净、毫无污染的生态环境，藏语称为“香巴拉”，英译为“香格里拉”，即“最后的地平线”之意，现已成为国际旅游的热线。生活在其中的人，心态年轻、身体健康。

“香巴拉”净境，其中主要的两大山脉是沙鲁里山和大雪山。

沙鲁里山山脉位于甘孜藏族自治州西部，海拔5500米以上，是金沙江与雅砻江的分水岭，山岭绵延500余千米，著名的格聂神山就位于这个脉系上。

大雪山山脉位于甘孜藏族自治州东部，海拔5000米左右，是雅砻江与大渡河的分水岭，山岭绵延300余千米，贡嘎山是它的主峰。

2

3

4

5

1. 沙鲁里山山脉中的格聂神山 摄影 / 吕玲珑
2—5. 稻城三座神山之仙乃日峰 摄影 / 吕玲珑

稻城亚丁地处中国地貌的第一级阶梯青藏高原向第二级阶梯云贵高原过渡的南北走向的横断山脉区域，多雪山，还多地质年代遗留的冰川，藏语名为“念青贡嘎日松贡布”，意为“终年积雪不化的三座护法神山圣地”。它拥有三座神山，方圆达千余平方千米，主体部分是三座完全隔开，但相距不远，呈“品”字形排列的雪峰。其巧夺天工的嵯峨天壁，成为“香巴拉”景区的奇观。

最高的山峰仙乃日，海拔 6032 米，最低的深谷海拔仅 2900 米，其落差形成了独具一格的特殊多样性地貌样态。

亚丁是世界著名的科学探险地和户外冰冻圈、岩石圈、生物圈以及人类活动圈彼此交融、互为依托的最佳生态人文旅游目的地。

1

稻城和乡城成为人类唯一的“香格里拉”文化旅游风景区。上图为大雪山山脉中的稻城三座神山之央迈勇峰。复杂的水文景观，多样化的南北物种交会，大量的珍稀生物，构成长江上游物种、生态、景观多样性的富集区，被誉为“青藏高原的物种基因库”。其中，高山古冰川湖泊62个，以“牛奶海”“五色海”“珍珠海”最为绚丽多彩，成为旅游胜地。

2

1. 稻城三座神山之央迈勇峰 摄影 / 吕玲珑
2. 稻城三座神山之夏诺多吉峰 摄影 / 吕玲珑

英国的詹姆斯·希尔顿在1928年来此科学考察和探险后，著《消失的地平线》一书，根据藏语“香巴拉”音译而成“香格里拉”，形容与世隔绝、冰清玉洁的世外桃源净土。如今，香格里拉已成为海内外知名的、现代人类难于拥有的纯、净、精、境和合共生共融的最佳生态文明的代表性文化地标。

四　珍稀动植物的宝库

由于不同的地形和气候，带来巴蜀东部和西部生物圈的兼容性和多样性，使这里成为珍稀动植物的宝库。植物约有 4000 多种，其中有国家一级保护植物、比大熊猫还古老的珙桐。珙桐又叫鸽子花，其花如飞翔中的白鸽，是人类和谐、和平文化的象征。

2002 年 12 月，都江堰市被批准为世界上第一个区域性生物多样化保护区。该保护区地处岷山山系和邛崃山系的接合部，有珙桐、连香树等多种珍稀濒危植物在此繁衍，同时又是大熊猫保护区。2008 年，北川羌族自治县曾将该县山地珙桐林中的千株珙桐树礼送北京奥运会场地种植。荥经县山区有 5533 公顷成片成林的珙桐生长。珍稀植物还有连香树和水青树，有水杉、银杉、冷杉、云杉等高大乔木，有古老的铁树，有各种杜鹃和花楸树，不同时令开不同颜色的山花，烂漫幽香。还有箭竹、木竹、方竹、筇竹等 40 多种竹类，是珍稀动物大熊猫的“粮仓”。

巴蜀动物资源十分丰富，有脊椎动物 1100 多种，占全国总数的 40%，列入国家保护的珍稀动物有 55 种。举世闻名的、生存长达 800 万年的大熊猫，主要栖息在四川境内的保护区。

1. 栖息在四川境内的保护区的大熊猫 摄影 / 薛康
2. 母爱 摄影 / 薛康

川金丝猴是栖于树上的“金发女郎”，它的法国名称叫作洛克塞尔安娜猴，是用一个俄国金发女郎的名字命名的。扭角羚是森林、灌丛和草甸之间的游民，角似羚羊但扭曲似牛，头似马但嘴有羊胡须，肩似驼但尾似鹿，被美国著名动物学家夏勒命名为“六不像”。鬣羊是悬崖峭壁上的探险家。毛冠鹿是密林竹丛中以草类为食的青鹿。还有小熊猫，它们是大熊猫的亲密伙伴。

从历史渊源上看，它们都是一百万年到几百万年以前的古老动物，曾共同经受过第四纪冰川的严峻考验。从若干考古发掘看，巴蜀化石动物群兼跨“大熊猫—剑齿象”动物群和北方动物群两大群系。现生种与之衔接，兼东洋界和古北界两大区系。《华阳国志》记载古代巴蜀贡献的珍稀动物有犀象、牦牛，还有山鸡、白雉，其毛皮羽绒很早就被人类开发为保暖御寒产品。

至于大熊猫，古代即作为和平使者，被命名为“驺虞”，被人们视为神物加以保护。因它喜食竹类植物，不伤生命，故被视为和平的象征。当两部族交锋杀得难分难解之时，谁举起“驺虞”旗，就表达了讲和停战的诚意，双方就会休战。由于自然环境的变迁和人类活动半径的不断扩大，这些百万年前的古老动物“活化石”的栖息地逐渐缩小，借助于我国西南高山深谷的庇护才得以生存下来。大熊猫的自然生态保护区主要在四川境内的西北部。

雪豹是“雪山之王”。世界上超过一半的雪豹生活在我国境内，其栖息地大多处于人迹罕至的高海拔地区，四川与青海、西藏交界处的地理孔村是雪豹理想的栖息地。四川最多的雪豹出没地在石渠县，主要活动于高山草甸和高海拔的流石滩。

石渠县位于青藏高原东缘，巴颜喀拉山脉与横断山区的沙鲁里山山脉在此处交会。近年来，适合雪豹的栖息地面积正在逐渐扩大，且相互连片，基本没有“孤岛”现象，有利于它们繁衍后代。

1. 生活在海拔 4500 米的雪豹在花丛中回眸 摄影 / 吕玲珑

2—3. 生活在海拔 3500 米区域的猞猁 摄影 / 吕玲珑

4—5. 生活在海拔 3500 米区域的兔狲 摄影 / 吕玲珑

1

金钱豹生活在森林、灌木丛、湿地、荒漠等环境，其巢穴多筑于浓密树丛、灌木丛或岩洞中。在石渠县，金钱豹有着充足的食物，有足够大的栖息地与足够友好的人类邻居。

藏原羚奔跑时，它那雪白的臀部在阳光照射下闪闪发光，就像身上悬挂着一面镜子，因此又俗称它为“镜面羊”。藏原羚是青藏高原上特有的有蹄类动物，其个体较小，嗅觉不算灵敏，但听觉发达，机智敏捷，遇到天敌后会迅速地逃遁，到一定距离后停下回头凝望。

2

3

喜马拉雅鬣羚是典型林栖兽类，在青藏高原深处，多栖于 2000 至 3000 米的亚热带阔叶林及暖温带针阔混交林。平时常在林间大树旁或巨岩下隐蔽和休息，其以草类、树叶、菌类和松萝为食。

野牦牛主要生活在海拔 4000 米之上的草甸地带。青藏高原东端地广人稀，食物丰富，夏季草木繁盛，气候适宜，为野牦牛提供了理想的栖息环境。

4

1. 金钱豹 摄影 / 吕玲珑

2. 藏原羚 摄影 / 吕玲珑

3. 喜马拉雅鬣羚 摄影 / 吕玲珑

4. 野牦牛 摄影 / 吕玲珑

1

1. 康定木兰 摄影 / 吕玲珑

2—5. 峨眉山生态环境 摄影 / 高华康

6. 大熊猫国家公园荥经珙桐林 摄影 / 周孟棋

海拔 3500 至 5000 米上千只白唇鹿迁徙的场景 摄影 / 吕玲珑

国家一级保护动物绿尾虹雉

摄影 / 艾雅康

海拔 2600 至 3500 米处的

活化石大熊猫 摄影 / 薛康

中国西部的川金丝猴

摄影 / 薛康

海拔 1315 米的巴蜀北大门剑门雄关 摄影 / 李天社

巴蜀地区地貌图

最高的山峰仙乃日海拔 6032 米 摄影 / 吕玲珑
三座神山方圆千余平方千米，主体部分是三座完全隔开但相距不远呈“品”字形排列的雪峰。

海拔 685 米的南川金佛山狮子口雄姿 摄影 / 唐维渝

流相忘莊周云泉涸魚相與處陸相呴以濕相濡以沫不若相忘於江湖善曰毛詩曰終日七襄不成報章於是乎金城石郭兼帀中區既麗

且崇實號成都金石言堅也故朝錯曰神農之教雖有金城湯池也闢二九之通門畫方軌之廣塗營新宮於爽塏

擬承明而起廬漢武帝元鼎二年立成都十八門周禮經塗九軌畫言端直也爽塏高明也善曰左氏傳曰齊景公欲更晏子之宅曰請更諸爽塏者杜預曰就高燥也

漢書曰嚴助爲會稽太守帝賜書曰君猒承明之廬張晏曰承明廬在石渠門外結陽城之延閣飛觀榭乎雲中開高軒以臨山

1

2

3

1. 晋代左思《蜀都赋》中的“既丽且崇，实号成都” 图片来源 / 李绪成

2 雅安博物馆收藏的文物——战国短青铜矛 图片来源 / 李绪成

3 云南昭通出土的有“蜀郡”字样的汉代铁锸 图片来源 / 李绪成

五　巴蜀地脉的文化特征

1.“一盆”巴山蜀水，“万卷”天府之国：巴蜀田蚕织作文明的摇篮

优越独特的生态环境为巴蜀农业田蚕织作文明的兴起，创造了十分有利的条件。

晋人左思《蜀都赋》曾生动地描绘巴蜀古代生态是“封域之内，则有原隰坟衍，通望弥博，演以潜沬，浸以绵雒，沟洫脉散，疆里绮错，黍稷油油，粳稻莫莫”。古代巴蜀城乡则是“邑居隐赈，夹江傍山，栋宇相望，桑梓接连，家有盐泉之井，户有橘柚之园”的“农业理想国”。

用今天的话来说，也可以形象地称为“‘一盆’巴山蜀水，‘万卷’天府之国”，是一本打开就引人入胜，使人手不释卷，“老夫白首欲忘归”（陆游诗句）的瑰丽佳书。

在巴蜀封域内，平原、丘陵主要为水稻土、冲积土、紫色土，是省内主要农耕土壤，是孕育巴蜀竹篱茅舍、春水潺潺绕屋的“林盘文化”的生长地。

山地为红壤、黄壤、棕壤，是主要的森林土壤，也是巴蜀“梯田文化”特色的孕育地。高山、高原广泛分布的高山草甸土，适宜生长各种牧草和灌木丛。最早的牧羊人——氐羌在远古时代就已选择岷山作为生息地，这里也就成了巴蜀文化的重要源头之一。

《华阳国志》记载巴地和蜀地不仅“土植五谷，牲具六畜”，而且是“桑蚕麻纻”等经济作物的优良产地，是鱼、盐、铜铁、丹漆、茶蜜、灵龟、巨犀、山鸡、白雉、黄润布、鲜粉、璧玉、金银、珠碧、铅锡、赭垩、锦绣、牦、象、毡、毦、丹黄、空青等土特产品的优良产地，还是荔枝、给客橙等奇珍异果的生产地和巴戟天等名贵药物的出产地。至今，巴蜀还受着这样优越的自然条件和生产条件的恩惠。

2. “宇宙之绝观，优游之天府”：巴蜀山水景观具有天下第一流神品的质地

古人鉴赏书画，以神品为最高境界，赞其“气韵生动，出于天成，人莫窥其巧者”。用这句话来赞美巴蜀的山水是最恰当不过的了。很巧的是，古人很早就有这样的看法，而且这些看法还历代相传。

“初唐四杰”之一的王勃就认为巴蜀是“宇宙之绝观，优游之天府”，是富贵悠闲、别有洞天的旅游佳境。王勃于唐高宗总章二年（公元 669 年）五月“自长安观景物于蜀”，写下了“入蜀记行诗三十首”，这是目前我们所知的巴蜀旅游史上以旅游观景为目的、开展个人旅游的最早记录。他从剑阁一路行来，只感到江山悦目，层云荡胸，天籁感染，欲“采江山之俊势，观天下之奇作”。俊秀的江山形势，壮丽的自然奇构，给了他游仙似的灵感和神游般的快感，他引吭歌颂巴蜀山川的特异：“丹壑争流，青峰杂起。凌涛鼓怒以伏注，天壁嵯峨而横立，亦宇宙之绝观也！”

剑南巴蜀是宇宙绝佳的景观，是天下第一流的神品旅游资源。

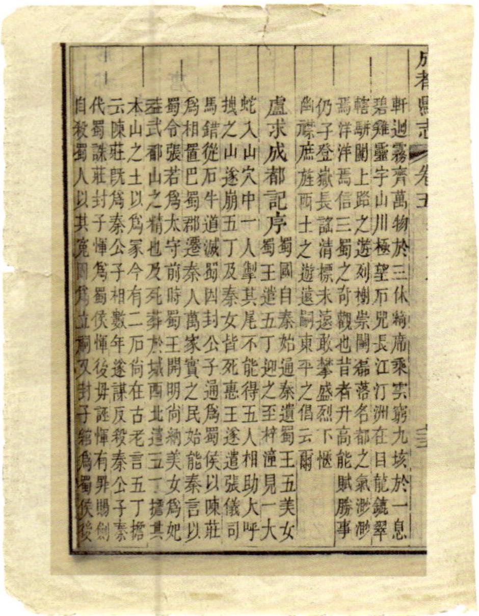

成都縣志 卷五

軒迴霧齊萬物於三休犄廊乘雲窮九垓於一息
碧雞靈宇山川極望石兒長江汀洲在目龍鏡翠
轄騎闌上路之遊刻榭崇闕綿落名都之氣渺渺
焉洋洋焉信三蜀之奇觀也昔者升高能賦勝事
仍子登嶽長謠清標未遠敢攀盛烈下愜
岡際庶旌西土之遊遠嗣東平之倡云爾

盧求成都記序

蜀國自秦始通秦遺蜀王五美女
蜀王遣五丁迎之至梓潼見一大
蛇入山穴中一人掣其尾不能得五人相助大呼
拽之山遂崩五丁及秦女皆死惠王遂遣張儀司
馬錯從石牛道滅蜀因封公子通爲蜀侯以陳莊
爲相置巴蜀郡遷秦人萬家實之民始能秦言以
蜀令張若爲太守前時蜀王開明尚納美女爲妃
葢武都山之精也及死葬於城西北遣五丁擔其
木山之土以爲冢今有二石尚在古老言五丁擔
云陳莊既爲秦公子相數年遂謀反殺秦公子秦
代蜀誅莊封子惲爲蜀侯惲後母誣惲有罪賜劍
自殺蜀人以其冤因爲立祠又封子綰爲蜀侯綰

唐大中九年（公元 855 年），卢求在《成都记序》中，将成都推为天下数一数二的名城 图片来源 /《成都县志》卷五·艺文序，成都市档案馆藏

诗仙李白有诗："九天开出一成都，万户千门入画图。草树云山如锦绣，秦川得及此间无。"他称赞成都是九天画图。"九天"是道家仙语，中央为"钧天"，其他八天则簇拥着钧天。成都是在九天云霞中的既丽且崇的优秀天府。他还有诗说："地转锦江成渭水，山回玉垒作长安。"锦江玉垒与渭水骊山比肩，不愧是天下第二个京师长安，故被唐玄宗封为"南京"。

诗圣杜甫入蜀，带着中原人的文化眼光，忽然感到蜀中是山川习俗迥异的"别一世界"。看到的山川是新的："我行山川异，忽在天一方"；看到的人是新的："但逢新人民，未卜见故乡"；看到的习俗是新的："出入异中原""天路看殊俗""殊俗状巢居""异俗吁可怪"；看到的城市是新的："喧然名都会，吹箫间笙簧"。在杜甫看来，成都是九天天路上的喧然鼎盛的名都会。

直到 19 世纪末，法国人古德尔孟入蜀，还写下了这样的观感："入四川更惊其人工生产：入其野，桑麻遍野，井井有条，其农之勤可知。入其市，人工制造的物品，陈列满场，且发运他省者相望于道。此等绝妙未经开辟的舞台，如加点缀，即可成为一东方的巴黎。"

近代白屋诗人吴芳吉据此写诗，称颂"成都富庶小巴黎"。把成都称为"东方的巴黎"，就是从这里来的。成都还有个"小北京"的雅号，这是茅盾在抗战期间入蜀时给的。他认为成都如北京一样，是个"民族形式的大都会"。上述这些看法表明，巴蜀历来是块神奇特异的地方，是与中原景观特色迥异的"绝域殊方"，是天府胜境，是宇宙绝观，所以从古到今都能引起海内外游客文化心理上的特殊新鲜感受。

这种历代人都能认同、形成共识的"优游之天府，宇宙之绝观"的观念，一经成为连续性的传统，就变成了今天一笔无与伦比的旅游遗产，这是从实景实观的物质遗产中升华提炼出的非物质遗产或曰无形资产，对今后四川的旅游产业将产生深远的影响，值得我们珍视。

正是：生态绿舟绣成九天图画，公园城市毓绘崇丽乡邦。

3. 巴蜀自然世界的两大神奇：
北纬 30° 同纬度现象——多大小三峡

“剑门天下雄，夔门天下险，青城天下幽，峨眉天下秀。”古人常用雄、险、幽、秀四大特征来形容巴山蜀水的神奇。

这里有保存完好的原始自然生态，古老独特的地质现象，冰山与草原共生的高原风光，特殊的民族风情生态。

近些年来，旅游热兴起，更有许多新的景观被发现，九寨仙境、黄龙瑶池、稻城乡城的“香格里拉”、海螺沟冰川、熊猫故乡，皆令世人惊叹巴蜀自然世界无边的神奇。

二层山观贡嘎冰川 摄影 / 吕玲珑

如果我们换一个文化学的视角来观察，那么，巴蜀生态最大的特征就是“神奇的自然世界”。它展现为天府田园风光和山、丘、坝相邻相间的地质地貌。

田园风光以平原林盘文化为特征，天路殊俗则以巢居——干栏文化、栈道文化、笮桥文化和梯田文化为特征。

它有两大神奇之处，是其他省区难以比拟的。

一是与世界古文明发源地的同纬度现象。

四川位于东亚大陆腹地的“两河（黄河与长江）流域”之间，而与四川同纬度的有西亚美索不达米亚则位于幼发拉底河和底格里斯河之间的肥沃新月地带，还有纬度同在北纬30° 左右的尼罗河的埃及文明、印度河与恒河的印度文明。

它们都有相似的地理条件：都在北纬 30° 左右，都在两河流域，都土地肥沃、水源充足、物质丰富，都是人类古代文明的诞生地，彼此相距大概都在 2000 千米左右。但它们之间也有很大不同。

印度河流域文明兴盛于公元前 2350 年至公元前 1750 年之间，但后来中断了。埃及文明和两河流域文明也是中断了的。它们先后受到草原民族连续的侵扰，后来又被马其顿的亚历山大征服，融入希腊文化、罗马文化、基督教文化、阿拉伯伊斯兰文化中。

而巴蜀文明连续 4500 年至 5000 年，从来没有中断，体现了中华文明共同体的连续性、统一性的特色。

巴蜀文明是在一片平畴绿野和天府陆海的绝妙景观中诞生的，而两河流域文明和埃及文明却是在大片沙漠中的绿洲上诞生的。

仅就此点而言，巴蜀文明更具吸引旅游者恒久兴味的魅力和价值。

二是盆地内诸河流的中下游与大地褶、大背裂和大裂谷地貌相接处，多成峡谷地带，形成巴蜀多“三峡”景观。西晋左思《蜀都赋》说“经三峡之峥嵘”，北魏郦道元《水经注》首称“三峡”，这是“三峡”最早的出处。

“三峡”开始是长江三峡的特指，后来渐成巴蜀许多峡谷激流的共称。如岷江蜿蜒于龙泉山折曲的南端形成岷江小三峡；沱江中流横渡龙泉山而成

三峡水库的兴建，使李家坝这个典型的巴人聚落重现。为保护三峡库区红线以下的古代遗存，从 1997 年开始，全国各地大批考古队伍奔赴峡江地区，展开号称全球最大规模的抢救性发掘大会战……

1. 云阳李家坝遗址 图片来源 /《巴蜀文化图典》
2. 大宁河小三峡 图片来源 /《巴蜀文化图典》
3. 长江三峡 图片来源 /《巴蜀文化图典》

金堂峡；嘉陵江下流截断沥鼻、温塘、观音诸山而成嘉陵小三峡；长江重庆以下，有铜锣、明月和剪刀三峡；奉节至宜昌，长江截断巫山，有著名的长江三峡：雄伟险峻的瞿塘峡、幽深秀丽的巫峡、滩多水急的西陵峡。此外，巫山大宁河有小三峡和小小三峡，青衣江、涪江均有小三峡之称。

巴蜀的众多三峡，构成天府旅游的突出特色和奇观，这是大自然的恩赐，可见"三峡"一名历史积淀深厚，已被赋予特殊的文化意义。"三"在古汉语里本来就有多的含意，因此，多于三个峡的也竞相用"三峡"之名，如用"大峡""二峡""四峡"名之，就会失去它的文化韵味，人们也不认同。四川自然景观还有许多神奇处，难怪王勃称之为"宇宙之绝观"了。

"宇宙之绝观，优游之天府"，这样的天下第一流神品的巴蜀景观，为旅游者文化心理带来绝妙的享受和美感的升华。在当代世界性的旅游潮流由简单的观光旅游向回归自然的高级层次的体验旅游过渡之时，巴蜀景观具有特殊的文化观赏价值。文化心理的美感享受和心灵感应，是旅游者高级层次的体验，是旅游的最高境界。它使旅游者从开始的悦目赏心、"物我相谐"的观光旅游境界，进入到怡心畅神、"物我相融"的休闲旅游境界，又经过再度超越，达到神与物游、"物我两忘"的地步，体味到自然与人文和合一致的"中和美"，在激起人高度美感的同时，激发人创造的灵感。这就是体验和科考探险旅游的境界了。从观光、休闲到体验三层次旅游方式获得最高心灵美学享受，这就是人类旅游的最高追求。宋人范纯仁写成都的诗说："雅兴直须穷胜赏，东郊行乐冠西州。""行乐"指旅游行为，"胜赏"指旅游心理的感应，"雅兴"指文化的素养，三者达到高度调适和娱逸，才可进入那种"物我两忘"的神游境界。这既需要旅游者主体具有欣赏眼界和文化修养，也需要旅游客体即景观景物有可供神游的品位，还需旅游主体对这种品位作出准确的科学界定。巴蜀自然景观具有这样的神品性。观赏一盆巴山蜀水，加上旅游者第一流的体验和较高的文化素质，就一定可以读出"万卷"天府之国的美丽韵味来。

1. 重庆南川金佛山南天石门 摄影 / 唐维渝
2. 金佛山云海 摄影 / 唐维渝

2014 年 6 月 23 日 在卡塔尔举行的第 38 届世界遗产大会上，“中国南方喀斯特”二期项目获批通过申遗，作为组成部分的重庆南川金佛山喀斯特被成功列入《世界遗产名录》。

金佛山，又名金山，古称九递山，位于重庆市南部边缘南川城区之南，大娄山脉北部尽端，主峰风吹岭是大娄山脉的最高峰，海拔 2238.2 米。金佛山与珠穆朗玛峰、古埃及金字塔同处于神秘北纬 30°附近，有世界自然遗产喀斯特地貌、佛教文化两大奇观。

金佛山喀斯特地貌总面积 174.19 平方千米，其中以一级陡崖为边界的提名地核心区面积 67.44 平方千米，以二级陡崖为边界的缓冲区面积 106.75 平方千米。

4.“巴山夜雨”与“西蜀天漏”：夜雨天候夜雨诗，渊源两千年，当推蜀中首屈一指

巴蜀气候的一大特征是秋天多夜雨。小时候曾听母亲讲川中民间的一个传说：行旅之人、果园种植人和拉纤的船夫，三人同时向土地菩萨求愿。行旅之人希望不要下雨，才好走路。果园种植人希望有雨不要有大风。船夫希望无雨但要有大风佐助拉纤。

土地菩萨想了一想，用三句话解决了这个矛盾，同时满足了三个人的愿望。这三句话是：“日晴夜落雨，风吹大河边，不吹李子园。”这就是巴蜀秋天物候的真实写照。

巴蜀天气，不似吴头楚尾，往往白日皎皎，入晚犹星月灿然，至午夜梦回，忽檐头淅沥、西窗惊梦，夜雨灯昏，足使羁旅之人触绪牵情，不能自已，客听秋雨，往往引发“深夜拥衾高士梦，晚秋听雨读书堂”的感叹。

最有名的诗是唐李商隐的《夜雨寄北》：“君问归期未有期，巴山夜雨涨秋池。何当共剪西窗烛，却话巴山夜雨时。”一首七绝寥寥 28 字中，两度复述“巴山夜雨”，可见夜雨陡然涨秋池的物候使诗人印象之深。

还有一个唐玄宗创作“雨霖铃曲”的故事。《明皇杂录》说：天宝十五年（公元 756 年）八月，唐明皇逃蜀，越秦岭进入褒斜道，霖雨兼旬，于栈道中，听到铃声与雨声相应，明皇想念玉环贵妃，遂采雨铃之声，作《雨霖铃曲》。

天宝十五年的八月，相当于公元 756 年的 8 月 30 日至 9 月 28 日，这正是典型的秋雨夜落的季节。陆游《老学庵笔记》说：“今成都乃未尝有梅雨，惟秋半积阴气令蒸溽，与吴中梅雨时相类耳。”这三则故事和记载都发生在巴蜀内的不同地域，但均为川中秋雨夜雨连绵之一证。“天漏”一名，来自雅州（今雅安）。常用“华西雨屏”“秋林近漏天”（唐·李频《眉州别李使君》）的诗句来形容雅安。

18世纪茶叶生成及贸易图两册（下） 图片来源/《国茶档案：蒙顶黄芽》

多夜雨的天候，引发诗人多记夜雨的诗，其诗歌数量当推蜀中为第一。如费昶诗："朝云触石起，暮雨润罗衣。"范云诗："霭霭朝云去，溟溟暮雨归。"刘方平诗："峡出朝云下，江来暮雨西。"郑世翼诗："霏霏暮雨合，霭霭朝云生。"卢象诗："晚见江山霁，宵闻风雨来。"不胜枚举。

写巴蜀夜雨最高心灵美学境界的诗，当推杜诗。杜甫在成都草堂写的《水槛遣兴》诗中说："蜀天常夜雨，江槛已朝晴。"宋人郭知达注释该诗说："新添黎雅州，蜀之西藩地，多雨，故名漏天，此公（杜甫）所以有夜雨之句。"最引起成都人心灵美学享受感悟的是他在草堂写的《春夜喜雨》："好雨知时节，当春乃发生。随风潜入夜，润物细无声。野径云俱黑，江船火独明。

四川盆地上空的贡嘎云海 摄影 / 吕玲珑

晓看红湿处，花重锦官城。”春夜成都，繁花重重叠叠，盖满天地，真是花如锦绣的美丽都市，是诗圣杜甫喜欢成都春夜雨发出的心声。所以，宋人郭知达在注杜诗《赠蜀僧闾邱师兄》一诗的“我住锦官城”这句时，专门说明唐代成都人卢求写《成都记》一书说：“锦城以江山明丽，错杂如锦，故名锦城。”蜀中日晴夜落雨，正是佐助锦城江山明丽、错杂多彩的万千气象之一景胜的原因，至今犹如此。今成都建设“公园城市”，首先应重视的正是城乡满目绿色生态中应有四季鲜花似锦、千姿百态的花城建设。

因此之故，杜诗《春夜喜雨》已被成都市民选为古今成都第一首最喜欢的“花香、书香、诗意成都”的诗。

再往前追溯，战国时楚国鄢人宋玉曾写《高唐赋》，最先行吟巫山神女的故事。郦道元《水经注》引用宋玉有关“巫山神女”文字时说：“所谓巫山之女，高唐之姬，旦为行云，暮为行雨。”从文献考察，这说明巫山朝云暮雨之说，当自战国始，它说明蜀中两千多年来的气候，一直维持着“秋夜多雨”的特征。

与此相应的还有个“蜀犬吠日”的传说，见于柳宗元《答韦中立论师道书》一文中，讲“蜀犬吠日，粤犬吠雪”的故事。是说蜀中阴雨天多，故蜀犬少见多怪，见到太阳就惊叫起来。这是蜀中物候又一个方面的特征。

5. 四川盆地——容纳百川的大水库：特殊的地势形成多元文化驰骛包容

巴蜀区域在古代有中原文化、秦陇文化、陇蜀文化、巴蜀文化、氐羌文化、滇黔夜郎文化在这里交汇。历代，特别是明清时期，还有各种移民文化在这里汇集。万千气象的多元文化融合为各个时期的巴蜀文化。这里引用抗战时期一家有名杂志，重庆中华书局 1944 年 3 月 1 日出版的《文史杂志·四川专号》的社论《创造四川历史的新页》来说明：

"四川乃中国民族文化的大熔炉。这里可以消灭一切部族的区域的限界，使整个中华民族融合无间，而社会文化获得综合的向上发展。因为这里有全国共通了解的语言，与共通适应的生活，全国任何人到了这里都会自然融合，这对于新中国前途的发展实有莫大的裨益，值得我们庆幸。

虽然我们有时也发现与这相反的事实，但那是违反自然趋势的，也就是说，是违反历史的演进的，因为不但新中国需要形成一个有机体，而且四川过去的历史也是循着这个轨道发展的。

从历史上看，现在的四川人可以说完全是由别处迁来的。自秦惠文王'移秦民万家实之'，及'始皇克定六国，辄徙其豪杰于蜀'以来，其后，代有迁徙，特别是经历明末清初张献忠之乱后，'湖广填四川'兴起，入川的各省移民不可胜计。今日的四川人大半是那时候从各省迁来的，这里面还包括了中国各地区各部族的人民，而形成了一个新生的、包容开放的有机体。"

巴蜀文化这种大水库、大熔炉效应，是与四川盆地"驰骛于兼容并包"（司马相如语）这一特殊地势有关的。

嘉陵江江东源头西汉水，显示出流向嘉陵江峡谷嵯峨、怒涛奔涌的雄伟格局的初始景象。

1—4. 嘉陵江江东源头 摄影 / 李天社

嘉陵江上游西汉水（位于今天水市）伏羲出生地——伏羲崖，是8000年前太昊氏伏羲创造陇蜀文化的地标。天水市秦安大地湾6000年前遗址，是陇蜀文化古羌人发源的根据地。古羌人由陇右向秦岭、秦巴、汉水迁徙，形成巴人族群；由陇右向岷山、岷江、都广之野迁徙，形成蜀人族群。以“人皇”伏羲为祖先信仰的秦陇人、中原人、巴蜀人共同创造了“巴蜀文脉”的源头——陇蜀文化。

1. 嘉陵江上游伏羲出生地——伏羲崖 摄影 / 李天社
2. 嘉陵江中游阆中皮影戏之大皮影 摄影 / 李天社
3.2005 年世界客属第十二届恳亲大会龙泉驿分场 摄影 / 江宏景
4. 四川成都洛带农家坝坝宴后厨一角 摄影 / 李学群

2

3

4

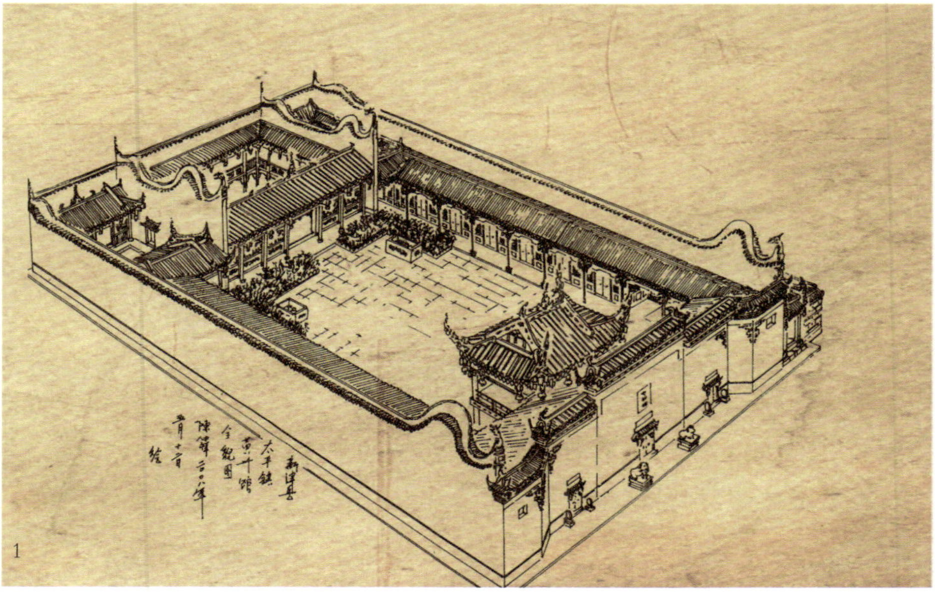

1

1. 黄州会馆线描图 图片来源 / 新津档案馆藏
2. 湖广会馆线描图 图片来源 / 新津档案馆藏
3. 道光版《新津县志》记载了清初移民的起因和经过 图片来源 / 新津档案馆藏

明末崇祯甲申（公元 1644 年）年，朝廷统治混乱，各地战乱频发，成都平原新津县也惨遭兵燹，县衙、黉宫、神祠、商铺、牌坊俱遭焚毁，人口锐减。

康熙版《新津县志》记载“人丁 3658 丁”，清末《新津县乡土志》记载：“新津离省较近，故遇难最惨，十余万家获免者不过数姓。”在明末的这场灾难中，幸存的数姓人家，多逃至丹棱、洪雅山区一带避难，战乱平息后，他们才陆续返乡。

为尽快恢复人口，康熙三十三年（公元 1694 年），朝廷颁布了《招民填川诏》：“朕承先帝遗统，称制中国，自愧无能，守成自惕。今幸四海同风，八荒底定，贡赋维周，适朕愿也。独痛西蜀一隅，自献贼蹂躏以来，土地未辟，田野未治，荒芜有年，贡赋维艰。虽征毫末，不能供在位之费，尚起江南、江西，助解应用。朕甚悯焉。今有温、卢二卿，具奏陈言：湖广民有毂击肩摩之风，地有一粟难加之势。今特下诏，仰户部饬行川省、湖广等处文武官员知悉，凡有开垦百姓，任从通往，毋得关隘阻挠。俟开垦六年外候旨起科。凡在彼官员，招抚有功，另行嘉奖。”于是，从湖南、湖北、广东、广西等地，开始向四川大举移民，持续了半个多世纪，这就是历史上著名的“湖广填四川”。

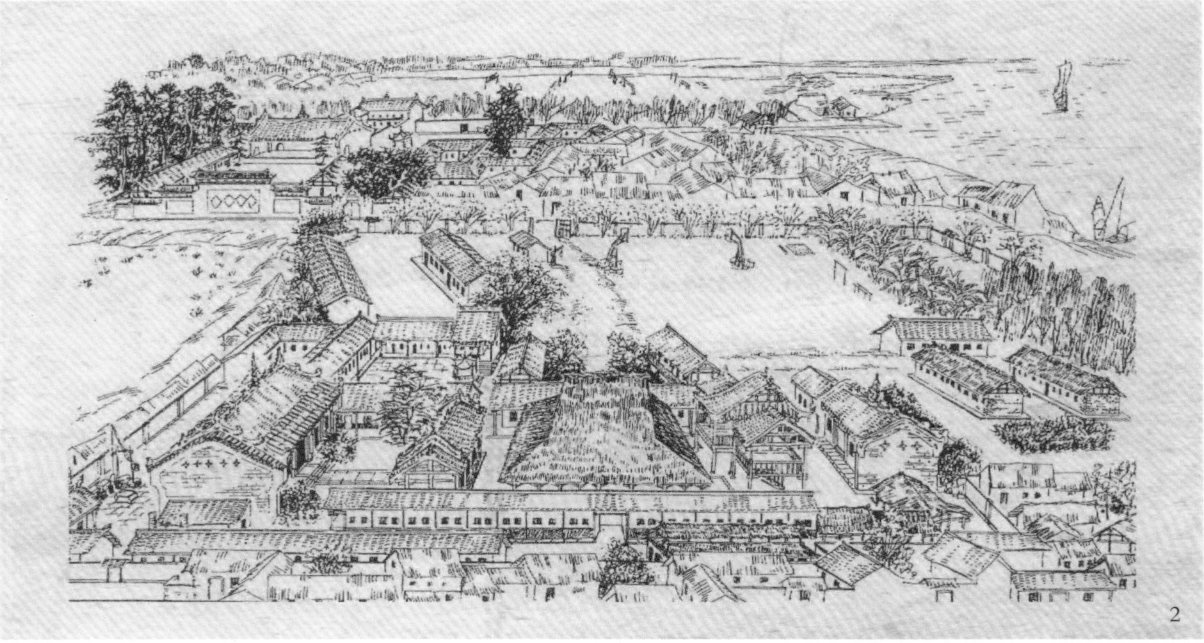

2

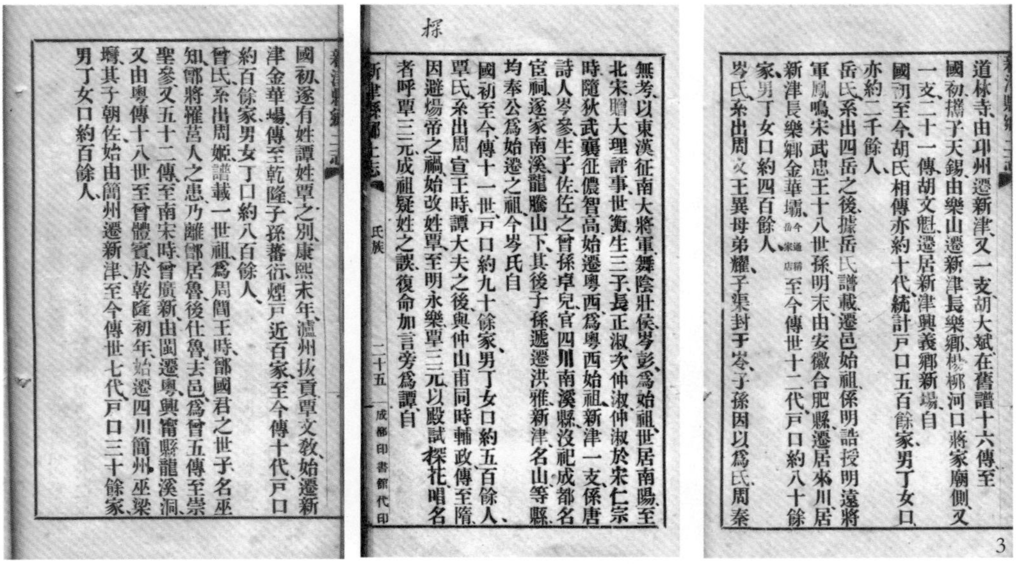

國初、遂有姓譚姓覃之別、康熙末年、瀘州拔貢覃文敎、始遷新津金華場、傳至乾隆、子孫蕃衍、煙戶近百家、至今傳十代、戶口約百餘家、男女丁口約八百餘人、

曾氏、系出周姬、譜載一世祖、爲周簡王時、鄫國君之世子、名巫知、鄫將羅莒人之患、乃離鄫居魯、後仕魯、去邑爲曾、五傳至宗聖、參、又五十二傳、至南宋時、曾廣新、由閩遷粵、興甯縣龍溪洞、又由粵傳十八世至曾體賓、於乾隆初年、始遷四川簡州、巫梁壩、其子朝佐、始由簡州遷新津、至今傳世七代、戶口三十餘家、男丁女口約百餘人、

探

無考、以東漢征南大將軍、舞陰壯侯岑彭、爲始祖、世居南陽、至北宋、贈大理評事、世衡、生三子、長正淑、次仲淑、仲淑於宋仁宗時、隨狄武襄征儂智高、始遷粵西、爲粵西始祖、新津一支、係唐詩人岑參、生子佐、佐之曾孫卓兒、官四川南溪縣、沒祀成都名宦祠、遂家南溪、龍騰山下、其後子孫遞遷洪雅、新津、名山等縣、均奉公爲始遷之祖、今岑氏自

國初至今、傳十一世、戶口約九十餘家、男丁女口約五百餘人、

覃氏、系出周宣王時、譚大夫之後、與仲山甫同時輔政、傳至隋、因避煬帝之禍、始改姓覃、至明永樂、覃三元以殿試探花、唱名者呼覃三元成祖、疑姓之誤、復命加言旁爲譚、自

新津縣鄉土志　氏族　二十五　成都印書館代印

道林寺、由邛州遷新津、又一支、胡大斌、在舊譜十六傳、至

國初、攜子天錫、由樂山遷新津長樂鄉、楊柳河口蔣家廟側、又一支、二十一傳胡文魁、遷居新津興義鄉新場、自

國初至今、胡氏相傳亦約十代、統計戶口五百餘家、男丁女口、亦約二千餘人、

岳氏、系出四岳之後、據岳氏譜載、遷邑始祖、係明誥授明遠將軍鳳鳴、宋武忠王十八世孫、明末由安徽合肥縣、遷居來川、居新津長樂鄉金華壩、今通稱岳家店至今傳世十二代、戶口約八十餘家、男丁女口約四百餘人、

岑氏、系出周文王異母弟耀、子渠封于岑、子孫因以爲氏、周秦

3

当清顺治元年（公元 1644 年）八月，张献忠陷成都，掠崇庆州后，便入新津。遇着这样的浩劫以后，天府之土的新津，百里之内竟至旷无人烟。后来慢慢地募民开垦，招集流亡，邻省两湖两广一带才迁来许多人民。又经三百年来休养生息，人口方增至十五万以上。

6. 巴蜀地理环境的战略地位：巴蜀历来是全国统一和民族复兴的根据地

早在两千多年前司马错论伐蜀时就议论到了这一战略特点。

他说："得蜀则得楚，得楚则天下并矣。"

秦统一六国，是因为先灭巴蜀，以天府之国作为根据地有了充足的兵甲财赋作为支撑，由司马错"率巴蜀众十万，大舶船万艘，米六百万斛，浮江伐楚，取商于之地为黔中郡"，才统一了全国。

楚汉相争，刘邦依托汉中巴蜀为根据地，取得战争的胜利，进而统一全国。三国时期魏晋首先征服蜀国，最后灭吴而统一全国。

北周、隋统一全国的战争也是从占据天府之国作为基地开始战略统一的。唐朝安史之乱中，中原残破之际，唐王朝主要靠剑南西川的财力作为复兴统一、战胜分裂的支柱，因为当时益州的财赋收入已占中央收入的大半，远远超过了东南地区。赵宋统一全国，也是从灭后蜀国始，然后扩及南唐诸国。

抗日战争时期，四川作为大后方，成为复兴中华民族的根据地，其原因就在于巴蜀优越的战略地位。抗战期间，川军出征，人力、物力、财力贡献最多，四川是抗战胜利的大后方保障。

巴蜀是"四塞之地"，又号称"天府之国"，有江山之险与物产之饶，进可以攻，退可以守，所以在统一中国的战争上四川实占无可比拟的优越地位。

五代末宋初的郭崇韬写了一本《蜀鉴》，就是专门论述巴蜀战略地位的史实。

抗战时期还有人论述说：历史上统一战争主要还是凭借的"天府之国"的粮食资源，四川还有丰富的矿产资源未被利用，因此主张凭借四川丰富的农业和矿业资源，作为完成抗日战争空前的民族复兴伟业的有力保证。这一战略共识在抗日战争时期并未完全实现，直到中华人民共和国成立后实施"三线建设"战略才得以继续加以推行。

1

2

1. 成都称帝 绘 / 杨麟翼
2. 刘备兴兵伐吴 绘 / 杨麟翼

三国时期，刘备礼贤下士，到南阳隆中（今襄阳隆中）拜访隐居于此的诸葛亮，“三顾茅庐”始得见之，诸葛亮深感其诚意，献“隆中对”，出“三分天下”之计，攻荆、益为根据地。刘备后即得到益州，相继占据汉水流域，进位为汉中王，不久后又在成都称帝，建立蜀汉政权。

7. 川西大熊猫最后栖息地：
巴蜀生物基因传承八百万年的生态绿舟

巴蜀是生存 800 万年的动物活化石大熊猫的最后栖息地，这是大自然的恩赐。大熊猫是大自然的产物，但它自被人类发现以后，就被赋予了重大的文化意义。

（1）大熊猫是和平友谊与和谐吉祥的象征，代表着中华民族文化和谐吉祥精神深厚的历史底蕴，最契合人类与大自然万物和谐共生、和合共融命运共同体的精神。故 2008 年北京奥运会选择熊猫作为“五福娃”吉祥物之一，2023 年成都大运会又选它作为最喜爱的吉祥物。

大熊猫是中国的国宝，是大自然留给人类的遗产，是世界人民的共同财富。它的历史比人类还要古老，是人类永恒的朋友。它那神奇、美丽的形象，引起古往今来的世人怜爱，自古即被作为和谐吉祥与和平友谊的象征。早在西周，大熊猫即被称为貔貅，又叫驺虞，其形象画之于旗，被作为部族之间停战议和的标志。

它的食性淳善，长期与人类共生共处，与人类生死相依，有着天然的友谊，被称为和平的“义兽”，故一直被视为和谐吉祥的象征。

和谐是中华民族传统文化最基本的精神，吉祥是中华民族传统文化最古老的良好祝愿。和谐吉祥，代表了中华民族热爱和平、追求世界大同的理念和本土文化的特色。大熊猫形态肥硕雍容，仪态万方，色彩组合，巧妙谐和。

大熊猫体毛黑白两色，反差强烈，纹章布局巧妙，以大自然最简单的黑白两种颜色，蕴含了宇宙最丰富的妙理和妙趣，如黑白相间的足球，黑白两子的围棋，因此，自古至今即受到人们的喜爱，是和谐吉祥精神最好的象征，最切合当今绿色奥运、人文奥运的理念，因而最能表达奥运吉祥物的深厚内涵和深刻含义。

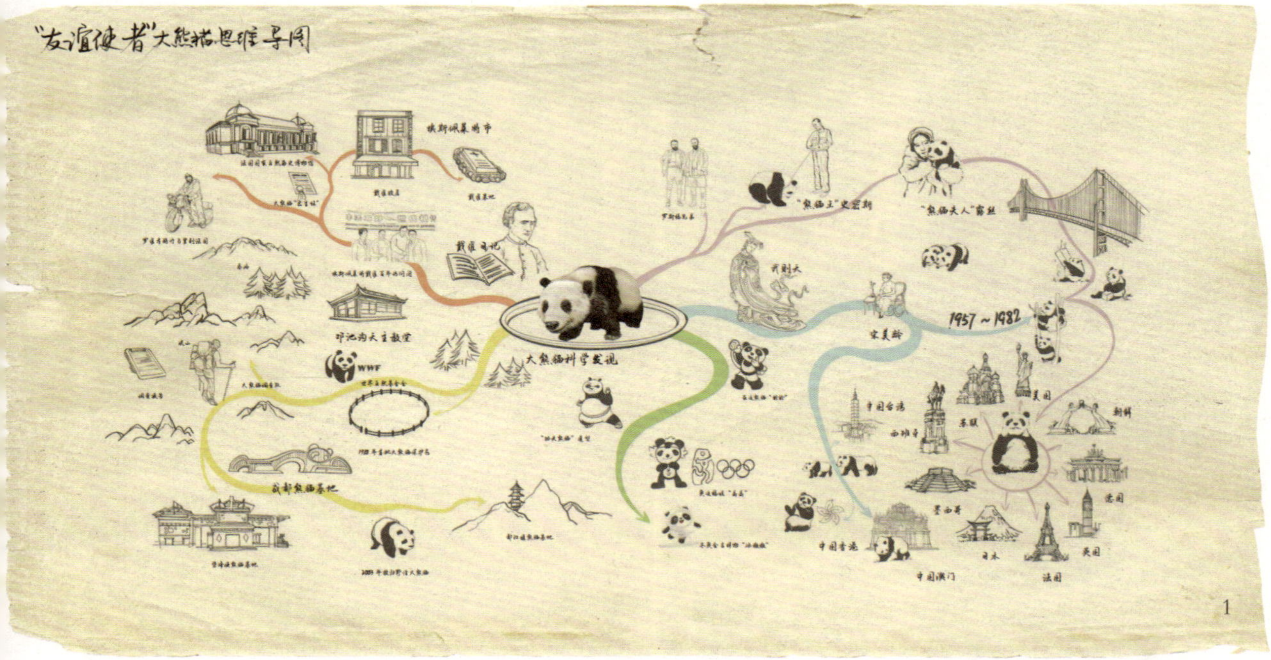

1. 大熊猫文化思维导图 创意 / 张迪 绘 / 张行之
2. 大熊猫模式标本手绘图 图片来源 / 法国自然博物馆藏

（2）大熊猫自古便有着和平使者的身份，是世界人民最大的文化认同的美好形象。

早在 1300 多年前，武则天即赠予日本国天武天皇一对“驺虞”（大熊猫）。1869 年四川宝兴穆坪教堂神甫戴维制作了大熊猫标本，该标本在巴黎展出后引起轰动。到 20 世纪 30 年代，美国服装设计师露丝 · 哈克纳斯从汶川把名为“苏琳”的大熊猫带到美国芝加哥的动物园展出。1944 年，史密斯带回英国的 12 只熊猫中的“明”死亡，《泰晤士报》特发讣告，称大熊猫为“精美的有生命的玩具熊……给千百万人带来欢乐”。

1 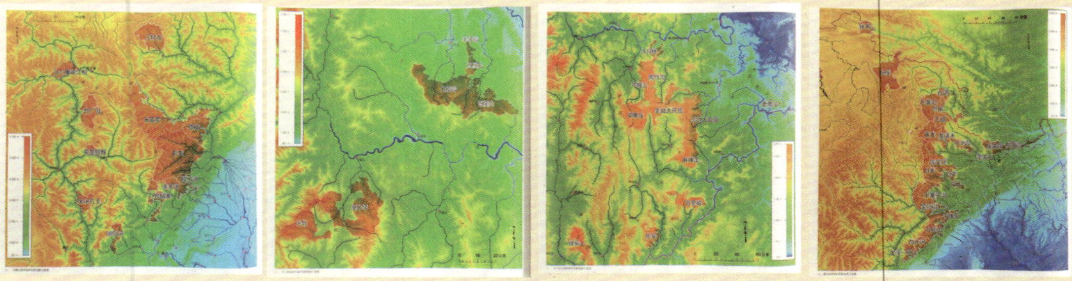

2 

1. 大熊猫自然保护区：①邛崃山 ②大小相岭 ③大小凉山 ④岷山
   图片来源 /《大熊猫邮集图鉴》
2. 青年时期的戴维，1869 年 4 月 1 日在宝兴邓池沟发现大熊猫
   图片来源 /《大熊猫邮集图鉴》
3. 19 世纪 60 年代法国博物学家戴维在中国的三次旅行考察示意图
   图片来源 /《大熊猫邮集图鉴》
4. 邓池沟大熊猫起源馆戴维雕塑 摄影 / 薛康
5. 大熊猫（雅安碧峰峡保护区） 摄影 / 薛康

3 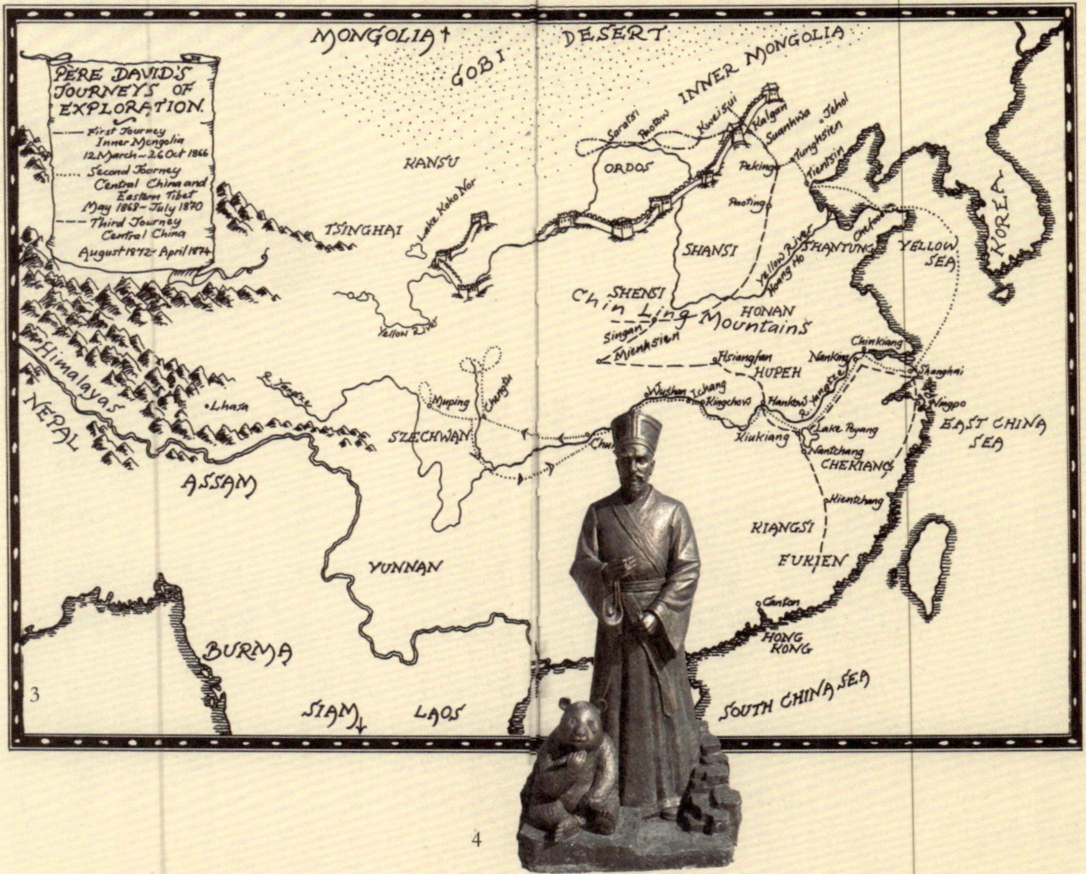

4

中华人民共和国成立以来，大熊猫到苏联、朝鲜、美国、日本、墨西哥、法国、英国、德国、西班牙等国担任和合吉祥的亲善大使，传播友谊，掀起了持续升温的大熊猫热。在欧洲和日本，大熊猫去世曾引起万人凭吊。时任国际奥委会主席萨马兰奇曾用 1992 年巴塞罗那奥运吉祥物“科比”的名字，来为大熊猫命名。可见，大熊猫是诸多动物形象中为世界人民文化认同度最高的美好形象，取得了最广泛的世界文化认同，因而最适宜于作为奥运的吉祥物。

（3）大熊猫与其活动环境、生存家园的关系，象征着自然世界神奇的生命之舟，象征着生物多样化、文化多元化的世界“和而不同”的精神家园，是和谐世界的象征。

大熊猫的家园主要在秦岭以南的四川、陕西、甘肃等地，又以四川栖息的大熊猫数量最多。大熊猫生活在云雾缭绕、浓荫葱郁、藤蔓缠绕、万壑奔流、重峦叠嶂的高山深谷之中，使人联想到北纬30° 左右的世界文态奇观和生命奇观。

现已发现的数百万年前的始熊猫化石同现存的活着的大熊猫链接起来，说明大熊猫生存达800万年之久，也说明四川神奇的大自然环境作为大熊猫生活的绿舟承载其生存了800万年，这是多么神奇。而它古老的历史、稀少的数量和重要的科学价值，以及在拯救濒危物种工作中的首要地位，则昭示着繁育大熊猫的巴蜀文态环境的神秘。大熊猫数百万年的奋斗史，代表着生命的壮丽、珍贵和艰辛，是人生历程的教科书，促进人类对保护和热爱大自然的思索。因此，大熊猫成为奥运吉祥物“五福娃”之首，这是适应人类未来社会需求和生活方式追求的美好象征，是世界和合精神家园的象征。

（4）大熊猫的形象，其外貌的神奇和美丽，有着强烈的第一视觉冲击力；其内涵则蕴含着传统文化和合二仙的神韵。如未来文创产业用表现和合二仙神韵的双熊猫卡通形象，则可收到强烈的代表本土、代表文化的效果。这是突破大熊猫陈旧形象加以创新的奇招，有利于奥运吉祥物另辟蹊径，开拓新路。

和合二仙是民间传说中象征和谐吉祥的神，其形象蓬头笑面，起源甚古。早在宋代即在民间称为“万回哥哥”，“祀之可使人在万里外亦能回来，故曰万回”。到清代雍正时，民间封寒山和尚为和圣，拾得和尚为合圣。二像和合，蓬头笑面，一手持荷花，一手捧圆盒，取和谐好合之意。民间常于厅堂或喜庆时挂用。可见和合二仙形象在历史上也有个发展过程。用和合二仙

大熊猫（卧龙保护区） 摄影 / 薛康

的神韵来创新熊猫形象，这既是传统文化和传统美德的传承，又符合和谐世界的时代精神，还有助于文化的寻根问祖，促进构建天地人合一的人类命运共同体的共识。

（5）确定大熊猫为吉祥物，还可带来巨大的商机和促进对大熊猫的科学研究。

大熊猫卡通化、漫画化，再同民间习俗相结合，可作为儿童的玩具，老人休闲用具，节日庆典、婚礼殿堂的悬挂信物，可把对大熊猫的热爱和对和合二仙的民间信仰结合起来，化为新的民俗。这种崇拜的地域范围可不局限于中国，还可遍及东南亚以及华人世界。

目前，成都科学家在大熊猫胃内发现前毛属和内毛属两类纤毛虫，揭开了大熊猫消化竹子之谜，这在世界上尚属首次。大熊猫作为生存数百万年的动物，还有许多未解之谜，有待科学研究。确定大熊猫为吉祥物，将大大促进对大熊猫的科学研究工作，对大熊猫的消化生理学理论的探索将产生深刻的影响，这有助于揭开物种保存之谜。正是：

天府熊猫共舞，优游天府梦幻世界；

川渝珙桐同根，涵养巴蜀和谐家园。

佛佑平安 绘 / 谷克沙

巴蜀水脉

珍水万世　水润天府

江渎思源，当珍水万世，物华竞翠添灏气，
都广步野，应护山千重，灵寿璀蔚苒晶光。

（诺日朗瀑布）蓝冰世界 摄影 / 王达军

冰雪世界飞瀑散天籁，桢楠绿壁弦诵寄乡愁。

一　巴蜀水系

在四川省与重庆市境内共有河流 1400 多条，流域面积在 500 平方千米至 1000 平方千米范围内的河流有 230 多条。

主要有岷江（包括大渡河、青衣江）、沱江、嘉陵江（包括涪江、渠江）、金沙江（包括雅砻江）、黔江（乌江）、赤水河等，属于长江水系，只有极西北的白河和黑河（墨曲）注入黄河，在若尔盖红原区域形成黄河上游第一湾。一句话，“西方之水尽汇于此矣”（清·李元《蜀水经·序》）。

巴蜀的河流源远流长，河网纵横，流域面积广阔，径流量巨大，是长江径流的三大源之一。

东部盆地河流多辐集于盆地南部，呈向心状分布。西部山地高原区的河流多由西北流向东南，成平行状分布。

因地形多样化，川西北水网多为乔木式树枝状结构，川西南则为羽毛状水网。东部盆地所有水系都由南北两方汇入长江，流聚于盆底的最低部，全盆地的水皆汇聚于长江，这也是巴蜀文化具有向心力、凝聚力的地理原因之一。

金沙江是长江的上游。因江中沙土呈黄色而得名。又名绳水、淹水、泸水。

金沙江的发源地（即长江的发源地）20 世纪 70 年代定于青海省唐古拉山主峰格拉丹东雪山，正源沱沱河。金沙江流域上游石渠境内河流纵横、湖泊遍布，湿地面积达 110 万公顷，其中泥炭地就占了约 30 万公顷。

金沙江穿行于川、藏、滇三省区之间，其间有最大支流雅砻江汇入，至四川宜宾纳岷江水始名长江……

石渠境内金沙江第一湾 摄影 / 吕玲珑

2

著名摄影艺术家李天社先生所摄四川黄河第一湾绝丽照片，兹选两幅，以赏该地秘景：

躬览胜景历翠带，
足践灵区超玄溪。
泉眼嵯峨赋能量，
黄河文化孕陇蜀。

1. 郎木寺西源头泉眼 摄影 / 李天社
2. 黄河第一湾 摄影 / 李天社

二　巴蜀水脉

从巴蜀水系的分布图，我们可以观察出巴蜀水脉的走向主要有五条。

一是岷江水系。

岷江古称江源，古蜀人最先开发出岷江，也最早认识岷江，文化也最早产生在岷江，因此，岷江被认为是长江的源头。

后来明代徐霞客通过实地考察，才知道从流量、径流及江程长短看，金沙江才是长江的正源。但金沙江开发很晚，蜀人对它的认识也很晚，因而在蜀人的眼里，还是认为岷江才是“江源”，称岷江为“江渎”，即长江最初源头水之意。

岷江源于四川北岷山高台之羊膊岭，今名郎架岭，约在北纬 34°，入黄胜关南流，经松潘、茂县、汶川，迄于都江堰市。都江堰市以上，河行万山，峡谷深幽，水流绝速。出都江堰后始流入盆地中，地形陡降，构成极大之扇状地，也就是成都平原。

江在平原，衍为无数支流，形成扇形水系均向东南流去，又总合于彭山而出成都平原。

成都平原上河流密布，沟渠四达，居民到处引水灌田，堰坝栉比，殊少舟楫之利。岷江过成都平原后，经彭山、眉山、青神，而南入岷江小三峡（平羌、背峨、犁头三峡），峡道绵亘三十里，风景如画。

出峡而至乐山，西岸汇合青衣江、大渡河二大支流，水量大增，昔日曾是长江轮航终点。再南下，经犍为折向东南，至宜宾，注大江，从这里开始，才叫“长江”。

都江堰、彭山间的岷江河道，在缓斜扇状地上，析为无数支流。岷江出山之口，在都江堰市西北上流处，曰灌口，即灌溉用水的总灌口，故名其地为“灌口郡”，后来改为“灌县”，直到 1988 年才改名“都江堰市”。灌口出山后，由离堆分为内江、外江两大系统。

“锦翠屏中，弥勒喜吟江山俊势凌云赋；
清凉路上，天人和畅生态奇观契圆通。”

宜居宜宾，唱好川渝双城记；
汇江汇水，喜迎中外四海客。

1　三江拥抱着乐山大佛 摄影 / 李天社
2　三江汇合的长江第一城宜宾 摄影 / 李天社

内江又可分为沱江水系及锦江水系。沱江水系由灌口向正东歧出，析为蒲阳、柏条二河，东合于金堂县城赵家渡，而后称沱江。锦江水系之主流为新开河、走马河及府河（由柏条河向南歧出者），三河绕行成都附近而汇于中兴场，东南至三江口（彭山对岸）合于岷江正流。沱江、锦江二系，以凤凰山为其分水岭。

外江由灌口向南流，析为沙沟、黑石、羊马、金马四大支流，总合于新津，而汇锦江于三江口。外江与锦江水系又以双流县南之牧马山为其分水岭。内外江两大系统，上皆出于灌口，而下则一总束于三江口，一总束于赵家渡。灌口、三江口、赵家渡间，略成二等边三角形，是为扇状水系地的范围。

都江堰以上之岷江，长约 370 千米。流域面积约为 23000 平方千米，主要支流如杂谷脑河、黑水河及理川河等，皆在岷江的西岸，流行于崇山峻岭之间，河床倾陡，水流湍急，侵蚀岩石之力极大，故河身甚窄且深，西岸山岭多成峭壁，随处皆具峡谷形式。其间平地极少，汶川、茂县、叠溪等重要城镇，皆建于沿岸的小洪涵原上。

1933 年叠溪镇因地震埋于叠溪海子之下。岷江由发源处至灌县（现都江堰市）总落差达 2300 米，平均坡度达 1%，似此倾陡之巨流，全省无其匹，在四川水利发展上，实居重要地位。

大渡河上流为大金川，经康定、泸定西折而东流，经峨眉山南，有越嶲水自南来会。越嶲以南即安宁河流域，为雅砻江之支流。

青衣江全长 276 千米，自雅安而东南，会岷江于乐山，流短水急。在上流雅安附近拓为一小平原。大渡河在汉源、峨边附近，构成一狭小盆地。

二江皆蜿蜒于高岭山地之间，水急滩险，无航行之利，然皆为发展水利的理想地带。

二是沱江水系。

沱江之源甚多，可总为二大水系：一系为自九顶山发源的三条河，即德阳河、石亭江、鸭子河，古总称为雒水；一系为由都江堰市自岷江分出的柏条河及蒲阳河。上述五河皆汇流于赵家渡，由此穿龙泉山为金堂峡，而出成都平原。

都江堰宝瓶口前的象鼻石，1933 年被叠溪地震引发的洪水冲毁 图片来源 / 老照片项目组

赵家渡以上各源，古又总称湔江，是西汉景帝、武帝时，蜀郡太守文翁开湔江而成。赵家渡以下水始大，始称沱江。东南行经简阳、资阳、资中、富顺，横穿青山而于泸州市注入大江。沱江水源不长，其水量全恃岷江之赐而得为交通灌溉之用，岷、沱二江实可称为四川之双生河流，全长500余千米，系大禹治水“东别为沱”的江沱分流治水经验和智慧的产物。

三是嘉陵江流域。

嘉陵江又称为“渝水”，为四川境内汇入长江的第一巨川。在巴蜀境内分为嘉陵江、涪江、渠江三流。嘉陵江为主流，远源于盆地以外的陇东地方，有东西二源，东曰西汉水，西曰白龙江。西汉水又分为东西二源：东源出陕西凤县东北之嘉陵谷（其东北即属渭水流域），嘉陵江之名即得于嘉陵谷；西源始于甘肃天水市南之嶓冢山（秦岭山脉）。至陕西略阳县北，东西二源又相汇南流，入于峡谷。经阳平关、广元，至昭化汇合于白龙江。其东与汉水西只隔一小岭，因此得名为西汉水。

白龙江源出陇南，东流经西固、文县，过碧口而后入川境，至昭化与西汉水会。白龙江源远流长，较西汉水有过之而无不及，故可视为嘉陵江的正源。唯河行丛山中，两岸多为绝壁，水流亦急，舟楫难通，不若西汉水便利罢了。

嘉陵江自昭化以下水量渐宏，唯犹重山夹峙。

1

2

1. 嘉陵江源头西汉水于嘉陵谷与嶓冢山相汇南流 摄影 / 李天社
2. 嘉陵江中游蓬安太极城日月岛夕照美景 摄影 / 李天社
3. 嘉陵江西陵峡东段明月峡，有“天然的交通博物馆”之誉 摄影 / 李天社

天社先生为众所敬仰的“行遍‘华阳国’，拍遍‘天府景’”的著名摄影艺术家。他祖籍蓬安，乃司马相如出生之地。对于巴人祖源水——嘉陵渝水，相如仅能以“锦心绣口”的文字描绘，而现代的天社先生，得时代之幸，则能以先进的摄影器材和高超的摄影技术，为我们留下数十万张嘉陵山水、人物、民族以及众多“非遗”习俗、歌舞的珍贵图影。这些图影为川渝巴人文化气象万千的场景，留下了可以传之久远的巴人文脉与知识智慧的图谱。本书选择最珍贵的一点图像，以供阅者赏阅。

3

自阆中（海拔 750 米）以下，地势始渐低坦，经南部、蓬安、南充、武胜至合川，而东与渠江汇合，再西收涪江，水量大增，直至巴县，数十年前常年通行小汽船。

合川与巴县间，江流横截华蓥山脉向南延出的三支脉，造成小三峡，曰沥鼻、温塘、观音三峡，风景秀丽，有温泉涌出，为重庆市的休养胜地。

涪江为嘉陵江西侧的大支流，发源于西北松潘县东的丛山中，东南行经平武至江油，入于盆地。仍东南流，经江油、绵阳，至三台西侧纳入凯江，至射洪东侧纳入梓潼河。再向东南合嘉陵正流于合川。全长约 630 千米。

江油以上水行万山中，直到过江油，进入四川盆地，始有灌溉航行之利。

渠江为嘉陵江东侧的最大支流，正源为巴水，源出陕西西南，行至通江县会清水、宕水，至江口与西侧之南江相会，再南流至三汇，东侧纳通江，水势始大。

巴水南江二源，分布于通、南、巴一带。通江上源分为前、中、后三江，为城口、万源山地外通之路。盆地东北隅山地之交通，都依赖于上述诸源，而诸源总聚于三汇，故三汇能蔚为川东大场镇。

三汇而下，河谷沿华蓥山西麓而东南，经渠县、广安至合川与嘉陵江正流相会。

四是黔江流域。

黔江为巴蜀长江南岸第一大支流，发源于贵州西隅的威宁，东流集苗岭以北之水，横贯全黔而来，至沿河走于川黔界上，龚滩而下，完全入于重庆市，北流至涪陵入长江。

在贵州这一段亦名乌江，在龚滩以下这一段亦名龚滩河，全长 1000 余千米。

五是金沙江流域。

除金沙江正流外，还应包括金沙江的最大支流雅砻江和雅砻江的支流安

重庆渝中区朝天门全景 摄影 / 李天社

宁河，其他如松麦河、水落河、鲜水河、理塘河等重要支流也属金沙江流域区内。从文化板块看，金沙江文化分布区域主要包括以西昌为中心的邛海文化区、以攀枝花市为中心的笮海文化区、以大理为中心的洱海文化区和以昭通为中心的千顷池文化区，并影响辐射到滇池与玉溪三湖文化区。

1

三　巴蜀水脉的文化特征

1. 江沱文化与河源江渎

《尚书·禹贡》说："岷山导江，东别为沱。"这是兴于西羌的夏禹治理岷江的基本经验的一个总结，是大禹留给蜀人的宝贵的治水遗产。

1. 雅砻江地光 摄影 / 吕玲珑
2. 凉山州安宁河流域是大石墓分布最为密集的地区 图片来源 / 攀枝花三线建设博物馆

雅砻江是金沙江的最大支流，又名若水、打冲江、小金沙江，藏语称尼亚曲，意为多鱼之水。

雅砻江发源于巴颜喀拉山南麓，经青海流入四川，于攀枝花市三堆子入金沙江。石渠以上为石渠河，流经丘状高原地区，河床宽浅，水流漫散。

石渠以下称雅砻江，由于山原地貌逐渐进入高山峡谷地带，为横断山区北南向的主要河系之一。全长 1571 千米，流域面积 12.8 万平方千米，四川境内 1357 千米，河口多年平均流量为 1860 立方米 / 秒。

它是自古以来人们整理岷江扇形水系进行人工分流的一种特殊治水方法。成都平原古为一片湿洳浸沃的泽地，是靠从大禹治岷江到鳖灵凿金堂峡，再到李冰治理开凿都江堰，对成都平原水系采用连环套似的内外江分流的办法，向东不断分沱以利排洪，农业耕种才发展起来的，这就叫“东别为沱”。如都江堰北流为三，皆是“东别为沱”：东引到金堂的沱江，东北引到九陇（彭州）、雒城（广汉）的青白江，这两条江皆称为湔水。德阳河、石亭江、鸭子河、柏条河、蒲阳河，总汇于赵家渡，古也称湔水。湔者，剪也，是剪开的水，以上诸水形似剪刀东向分流，故被统称为湔江。它是“东别为沱”的产物，故均被称为“沱江”。另一条流江，即锦江，引外江水东南流经郫都区、原成都县和原华阳县三县境，亦是“东别为沱”。

故蒙文通师曾说：“二江就是郫江、流江，就是禹贡之江、沱。自汉至唐宋无异说。”再如岷江源出岷山弓杠岭，东流过龙安、潼川，至合州入嘉陵江，亦“东别为沱”之意。岷江来自西北山地，地势高于东南，因此，分出的沱江总是往东南流，故被称为“东别为沱”，即向东分洪，别流出为沱江之意。可以说，古人对岷江流域的治理，主要就是普遍运用了“东别为沱”的历史经验。

成都市博物馆内的古蜀人生活场景图 图片来源 / 成都市博物馆

《成都通览》说：就成都城区的地势而论，清水河、磨底河和沙河，“古称沱江”，这说明它们都是平原上分洪泄洪、“东别为沱”的产物。特别是沙河（古升仙水，又称凤凰水），自古即是城市的泄洪道，是蜀人独有的“岷山导江，东别为沱”的治水方法的产物。沙河的上源从北府河分出，下流又返回南府河。实际上，沙河是都江堰水系柏条河、徐堰河、走马河、沱江河、府河轮流输水入洞子口形成的。它是府河向东分流的产物，这就是“东别为沱”，是为府河分流和分洪而开凿的。洞子口因乾隆三十一年（公元1766年）引扬泗堰水灌田，在堰水跨沙河处建立暗渡槽而得名。因洞子口分洪，其西遂形成集市，成为S形状村落。洞子口暗渡槽就是沿古“东别为沱”人工河流的遗迹而建的，因此，沙河是府河“东别为沱”的产物，是用“东别为沱”的方法整治沙河原有自然河道的诸小水系而形成的。如果从龙爪堰观察，干河、浣花溪和清水河如龙爪之形分流，故名“龙爪堰”，这也是“东别为沱”。成都平原的河道多经过了人工整理，多是在自然河流基础上穿凿整理出来的人工运河。

这些人工运河使扇形水系之间的高地突显出来，发展出丰腴之地、天府之国、陆海之乡，这才有古代浣花大游江的情景和今日浣花风景区的景致。

沙河在成都水文化史上也有着重要的地位，对这一点，我们过去认识不够，甚至有所忽略。细检沙河历史，其地位值得注意：

它是影响成都城市布局历史发展的重要因素。成都城池格局受城市水系变异的制约。在古蜀国早期，成都城池因漫无涯际、变幻无常的岷江水系的影响而在众多两水之间的高地上形成众多小城池，如星斗点缀天宇。

现在，考古发掘已经证明，宝墩文化时期沿扇形水系分布的十来个古城遗址，如金沙遗址、黄忠村遗址、十二桥遗址等，都是受水系制约而形成的众多平原高地上的中心聚落，这可谓成都平原上“满盆珠玉”的古城聚落。

1

战国秦汉时期，李冰、文翁治水以后，成都的二江成为城市经济和文化发展的摇篮，沙河即古升仙水成为二江的重要辅道。受二江平行由西北向东南流和古升仙水由北向南流的制约，成都城池只有沿二江发展，这是成都城池“两江珥其市”的格局的由来。

而这一时期的古升仙水因傍龙泉山系而无法使成都城顺畅地向东发展，使它在城市经济与文化发展上难于起到大的作用，但它在军事上却有着重要的北向防御的战略地位。

到晚唐以后，府河改道，成都府河与南河形成一个大的“二江抱城”的城市格局，沙河又同改道后的府河形成附着于城池东边的又一个小的“二江抱城”的城市格局。

大的“二江抱城”如龟形，于是龟城的传说由是而兴。小的“二江抱城”如蚕形，两头大中间细，这很可能与蚕丛之传说有关，驷马桥附近羊子山

2

1. 成都出土的画像砖：上为射猎与养鱼图，下为收割稻穗图 图片来源 /《巴蜀文化图典》
2. 成都双流出土汉画像砖《盐井》 图片来源 / 李绪成

西周“灵台”遗址的发现，说明这个蚕形的地貌是古蜀国人颇为重视的城池形胜。

现在，沙河的整治正好依赖这个大小“二江抱城”的历史文脉向东展示成都的城市文化个性。据我主持沙河文化景观工程规划的经验和我参加的沙河景点规划的讨论与评审的观察，不少工程单位在概念规划中十分重视沙河两岸景观与相邻城市街道社区边缘的文化连接，重视城市中心的文化与人流向沙河的延伸，这就是城市格局的历史文脉在起着作用。

从文化的始源看，巴蜀文化最先发展起来的、历时性最长的农业文明的主要特征是通过江沱治水方法清理水患而发展出农业的江源文明。

江源文明，又叫泽地文明，是中国农业古文明的一个重要特征。如鲁有大野（钜野），晋有大陆（广河），秦有杨陓，宋有孟诸，楚有云梦，吴越之间有震泽，齐有海隅，燕有昭余祁，郑有圃田，周有焦护。以上系《尔雅》所说的十薮，即十个大泽。《尔雅》未说到西南。其实西南的泽也不少，如滇有洱海、滇池、千顷池，秦陇有仇池，是大理文化、滇文化、朱提文化和氐羌文化的发源地。蜀有“陆海”之称（见《华阳国志》），还有个专门称呼，叫作“梦郭”。所谓“开明王自梦廓移，乃徙治成都”，指的就是把“梦廓”泽地整理出来。泽地是文明最先发展的区域，泽地文明是巴蜀区域一个最重要的特征。

成都平原泽地文明的走向，正好同今日的考古发现相一致。如将广汉三星堆古遗址、月亮湾遗址，彭州濛阳街道竹瓦街以殷代二觯为代表的青铜器窑藏遗址，新繁水观音遗址，新都马家古蜀王大墓遗址，金牛区黄忠村遗址，

源源不断的江水通过内江经宝瓶口流入成都平原 图片来源 / 老照片项目组

青羊区内的金沙遗址、十二桥遗址和商业街船棺葬遗址直到指挥街遗址连接起来，正好构成了成都平原从北向南一条古文化发展的中轴线。这条中轴线是最典型的泽地文明产生与发展的生命线。

2. 都江堰水系与成都城市发展

都江堰水利工程的主要特征是无坝自流灌溉。它是历代蜀人勤劳治水智慧与践行的结果。

都江堰作为世界首创的大规模无坝自流水利工程，是世界水利史的明珠，已于 2000 年被列入《世界遗产名录》。都江堰渠首工程由鱼嘴、飞沙堰和宝瓶口三大主体工程组成。鱼嘴主要起分水和引水作用，飞沙堰主要起翻水泄洪的作用，宝瓶口（离堆）则起壅水沉沙和环流作用，既可排洪排沙，又有利于农田灌溉。三者形成了科学的系统治水工程，以精练文字概括历代治水经验而总结出的“八字格言”（“遇湾截角，逢正抽心”）、“六字诀”（“深淘滩，低作堰”）以及长达十六句的“三字经”，是都江堰科学治水方法的总结。

都江堰的建成，使成都平原河渠纵横、密如蛛网、沃野千里，号为陆海，“故记曰：水旱从人，不知饥馑，时无荒年，天下谓之‘天府’也”。到清代，都江堰灌区已发展到 14 县，灌溉面积达到 20 万公顷。中华人民共和国成立后，都江堰灌区已由成都平原引向川中丘陵，南至仁寿、青神，北到绵阳、射洪，西到邛崃、蒲江，东通资阳、资中，跨越岷江、沱江和涪江三大流域。

“水利殖养其国”，成都是因水而生、因水而兴的城市。成都城市文化的性质与都江堰息息相关。都江堰是成都城市经济和文化发展的摇篮。成都城市文化的基本性质是以都江堰为源头的以“水利殖养其国”的农业生产与静态的亲仁睦邻的农业生活方式，同以“市张列肆，货贿山积”为特征的古典城市工商生产与动态的、充满生机活力的工商生活方式矛盾运动的结果。

成都平原的河道多经过了人工整理，多是在自然河流基础上穿凿整理出来的人工河。这些人工河使扇形水系之间的高地突显出来，发展出优越的农业。这些西北高而东南低的鱼脊形高地就是成都城市经济文化的诞生地。

都江堰水系对成都城市文化发展根脉有五大贡献：

（1）李冰首提“珍水万世”，是中华老祖宗最可贵的生态文明理念

总的来说，大禹开创、开明奠基、李冰功成，是江沱文化发展的三大阶段。大禹、鳖灵、李冰，不仅创造出水害变水利、疏水导江的崇尚自然的科学模式，而且在人类水文化认识史上作出了最为先导的理念贡献，这便是“水为文明之母，当珍水为尚”的理念；文明伴水而生，以“文”化人离不开水的化育的理念。李冰时代将这些理念总结为一句话，叫作“珍水万世焉”。这个理念由大禹传到李冰，由东汉都江堰人于公元168年刻在“李冰石俑人”的衣袖上（见图片说明）。这是汉代蜀人记录下来的李冰留给人类的最该珍视、最可宝贵的生态文明精神遗产。“珍水”就是珍敬水的神圣性、珍视水的上善性、珍爱水的亲仁性、珍惜水的纯净性、珍学水的下谦性。这“五珍”理念正是都江堰造福人类的秘诀所在。

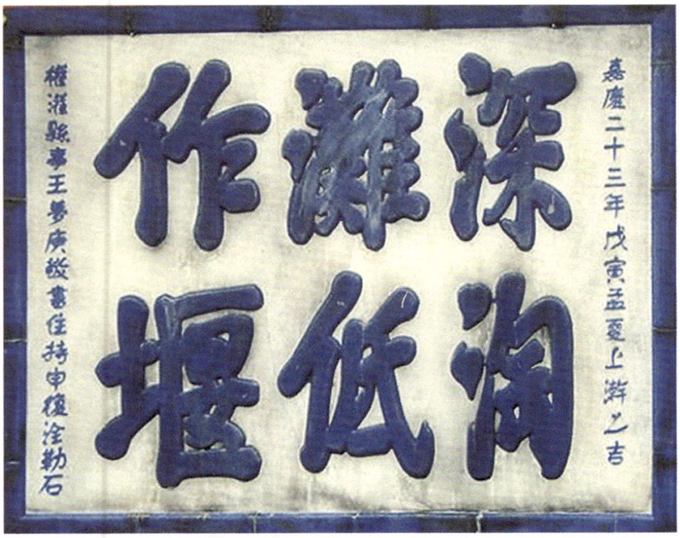

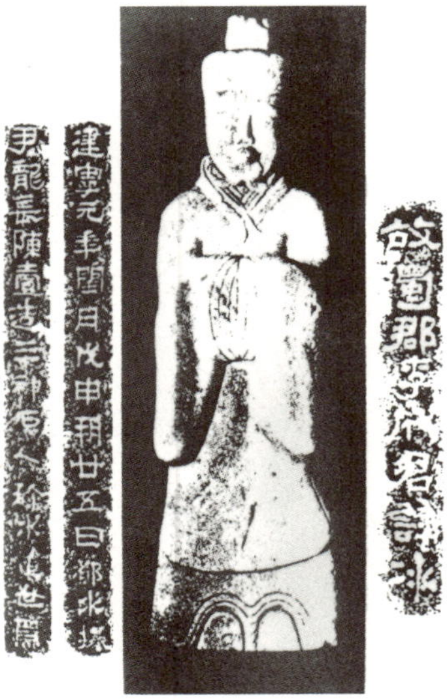

1　　2

可惜现代人类经常忘记“珍水”，为了拼命索取而利用水的不言不语个性，不断贱踏水、贱用水、贱视水、贱费水、贱绝水，不是珍重“水处下而不争、水利人而无私”的本性，不是既珍重上善若水，亦当珍爱下谦若水的高品，不是顺水之性而是逆水之性，结果往往适得其反，造成灾难。应当牢记李冰万世珍水的思想和亲自践行的经验。所以，李冰治理都江堰“珍水万世”的治水思想，既是水利科技史上的贡献，也是对蜀水润天府文明，对以治水兴农为特征的中华文明起源、形成和发展的历史文脉的伟大贡献，更是对人类命运共同体永续生存和发展需要的重要贡献。

如果说都江堰是“水利万代”的活的长城，那么，“珍水万世”便是“活的长城”的“活的蜀魂”，是当今新时代习近平生态文明思想传承五千年优秀文脉传统之根和魂。

东汉灵帝时，为祭祀李冰而雕刻的“三神石人”像。此石像是1974年3月3日迁建安澜索桥时，于外江3号桥基河床下4.5米处发现。石像高2.96米，肩宽0.96米，厚0.45米。底部有木方榫，用以插立石像于激流中，方便祭祀。石像中部衣襟用隶书刻“故蜀郡李府君讳冰”，不仅证实此像为“三神石人”之主像，而且证明郡守姓李名冰，弥补了汉武帝时司马迁《史记》所记有“冰”名，无“李”姓的遗憾。石像两袖隶书刻字。左袖、右袖连读为：“建宁元年（公元168年）闰月戊申朔廿五日，都水掾尹龙长陈壹造三神石人，珍水万世焉。”

此像最珍贵处在五字——“珍水万世焉”，这是李冰首创“水为文明之母，当万世万代珍水”的生态文明理念，至今仍是我们应牢记的生态文明理念的两千年根脉。

1. 清嘉庆年间的治水六字诀——深淘滩，低作堰，一直保留至今 图片来源 /《巴蜀文化图典》

2. 东汉灵帝时，为祭祀李冰而雕刻的“三神石人”像 图片来源 /《巴蜀文化图典》

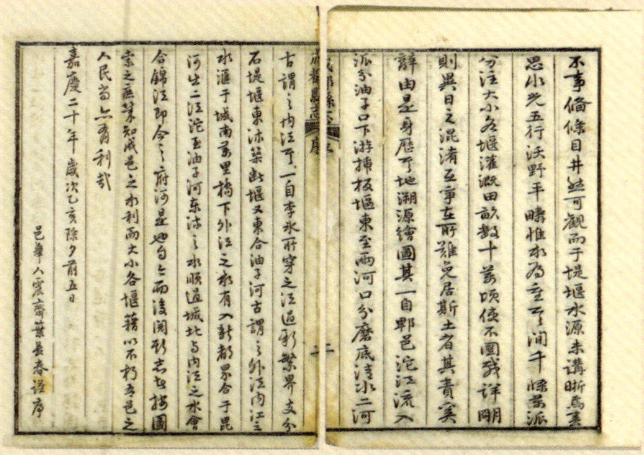

不事倚傍目井然可觀而于堤堰水源未講晰焉矣
思小先五行沃野千疇推本為全邑之間千條萬派
分注大小各堰灌溉田畝數十萬頃使不圖識詳明
則異日之混淆互爭在所難免居斯土者其責實
辭由是身歷其地溯源繪圖其一自郫邑沱江流入
派分油子口下游棹板堰東至兩河口分磨底清水二河
古謂之內江其一自李冰所穿之江過郫繁界支分
石堤堰東流築斷堰又東合油子河古謂之外江內江之
水匯于城南萬里橋下外江之水有入新都界合于毘
河出二江沱至油子河東流之水順道城北與內江之水會
合錦江即今之府河是也自是而後閱邑志按圖
索之庶幾知成邑之水利而大小各堰藉以不朽為邑之
人民為亦有利哉
嘉慶二十年歲次乙亥除夕前五日
邑舉人霞齋葉長春謹序

1

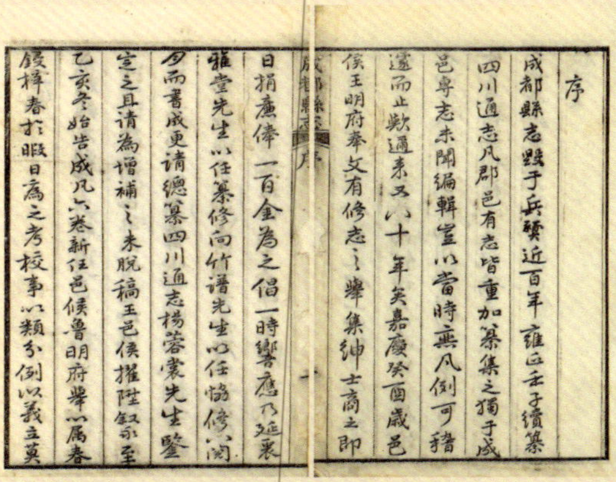

序
成都縣志毀于兵燹近百年雍正壬子續纂
四川通志凡郡邑有志皆重加纂集之獨于成
邑專志未聞編輯豈以當時無凡例可稽
遂而止歟迄今又八十年矣嘉慶癸酉歲邑
侯王明府奉文有修志之舉集紳士商之即
日捐廉俸一百金為之倡一時響應乃延衷
雅堂先生以任纂修而竹譜先生以任協修閱
歲而書成更請總纂四川通志楊蓉裳先生鑒
定之且請為增補之未脫稿王邑侯擢陞叙州至
乙亥冬始告成凡六卷新任邑侯魯明府舉以屬春
鋟梓春於暇日爲之考校事以類分例以義立莫

2

1—2. 清朝嘉庆年间，举人叶长春在《成都县志》的卷首序中，
详细述及修建都江堰的原因、过程及影响 图片来源 / 成都市档案馆藏
3.《长江万里图》之卷首——都江堰安澜索桥 绘 / 张大千

3

（2）江沱文化：继承大禹“岷山导江，东别为沱”的历史经验

前已述及，今亦须更陈论“岷山导江，东别为沱”，即以江（岷江）导灌，以沱（沱江）泄洪。这种灌溉与泄洪分流，功用并兼的“江沱文化”是兴于西羌的夏禹治理岷江基本经验的总结，它是古人整理岷江扇形水系进行人工分流的一种特殊治水方法。

什么叫“沱”？就是四川方言里常说的“回水沱”，是天然形成的储水库，可以回复循环水流的湖泊。《诗经·召南》“江有沱”，闻一多认为这个“沱”，“于此当训两翼舒张之貌”（《诗经讲义》），就是把主要用于灌溉的“岷江”与主要用于分洪泄洪的“沱水”二者如“两翼舒张”一样分开，各起各的作用。“蜀有回复水”（郦道元《水经注》卷三十三“江水”）就是指的蜀中多水流回旋的天然蓄水沱的特点。“别”是指“水之支流”（清人高升之）。“岷山导江，东别为沱”是说从岷山开始，刊木导引，利用蜀中多回流沱水的特点，向东南地势低处分流，把岷江分为引水灌溉道（正流）和泄洪分流道（支流），后者就叫作沱江。这是大禹整治岷江水系的一种因势利导、顺水之性的特殊方法。开明氏从帝承袭这一方法，在金堂峡凿离堆，“作东别之标”。李冰继从帝之后，集大禹“东别为沱”之大成，广开沱江。除今天的沱江外，其他如沱江河、青白江、沙河、磨底河、府河，古都曾有过“沱江”之称。“沱水自灌口东分为三渠”，说明都江堰的兴建就采用了“东别为沱”的方法。李冰凿离堆、穿二江，就是“导江水”（“岷山导江”）与“分沱水”（“东别为沱”）的应用，故四川有三个离堆，有众多古沱江、沱河。这种方法不只是使用一次，而是反复使用，不断分流，一分为二，二再分为四，四再分为八，从大江大河到小沟小渠都用这种剪开主水系，又回到主水系的方法，达到“飞渠走浍，无尺土无水至”（明·王士性《广志绎》），每一寸土地都受到水的润泽，从而让这些分洪河流与无坝自流引水灌溉的正流一起，组合为成都平原特有的扇形水系景观。

1938年绘制的《都江堰十七县水利全图》 图片来源/成都市档案馆藏

这种分水方法，犹如用一把剪刀剪开两江两河，被剪开的水就叫作湔江、湔水。湔者，剪也，这就是“湔江”一名的由来。文翁治（彭州）湔江，清白江原名湔江，就是这样来的。这是从大禹到李冰“东别为沱”，累代经营的结果，是顺水之性、“珍水万世”思想指导贯彻的结果。

岷江上游古称为“江源”，是江源文化的生发地。其中岷山山区是高山羌人江源文化的发源地。成都二江则是成都平原蜀人江源文化的开拓地。李冰穿二江，把山地江源文化引向平原江源文化，发展出秦汉灿烂的锦江文明，使岷江成为古代蜀人冲出四川盆地，走向外部世界的重要通道，这是“李冰通二渠，为蜀万世利”（南宋刘光祖《万里桥记》）的功劳。

（3）对天府优越秀冠农耕文明的奠基性贡献

前已述及，“天府”这个称呼，是秦时李冰“创浸灌之利”“蜀中大获其利”（唐人语）的结果。还有个“陆海”的称呼，也有相同的情形。先是“秦开郑国，汉作白渠，而关中号为‘陆海’”（东汉崔寔《政论》），到汉代以后普遍认为蜀“沃野千里，号为陆海”（《华阳国志·蜀志》），“由冰之功也”，“因其治蜀治水，益州始为天府，故世称曰‘川主’”（清刘沅《李公父子治水记》），从此以后巴蜀农业与水利长期优越秀冠发展，位居全国第一。

从天地人命运共同体的关系看，历史地理学者蓝勇认为，因天文、气候、生物与人类相互错综的关系，特别是气候冷暖周期性变化的背景，整个中国历史文明是东移流向的，到近代中国更出现文明向东面海的趋势。这诚为卓见。从这个文明东移趋势看，成都平原占有一个有趣的地位。从地理位置看，它在西部，是汉代关中、中原、巴蜀三大农业经济区之一。很显然的是，秦汉时全国农业中心区主要在西部，而成都平原则是当时西部的重心。从海拔高度的大格局看，成都平原属低纬度区域，处于黄河与长江之间，这是又一个“两河流域”文明区域。但如从岷山岷水流域的小格局看，它又属于黄河上游和长江上游，处于九曲黄河第一湾“河源文明”区域和长江上游的“江源文明”区域。在长江中下游农业还多属火耕水耨的区域时，成都平原已是农业水利文明发达的区域了。

1

1.1937年拍摄的都江堰玉垒山 图片来源/老照片项目组

2.聚集在离堆伏龙观前等待观看放水的人们 图片来源/老照片项目组

3. 放水节，人们乘坐竹筏匆匆赶往放水现场 图片来源 / 老照片项目组

4. 放水节，砍断杩槎的那一刻终于来临 图片来源 / 老照片项目组

油画《川西的小路》展现了“李冰治水”成就川西平原的沃野千里 绘/简崇明 简爱

唐宋时，成都平原农业进一步发展起来，加上古典工商业都市的优势，逐渐成为领先发展的“扬一益二”区域。明清以后，虽然文明重心东移面海，但成都平原仍保有天府财富的历史优势。从上述天、地、人关系的变化趋势看，成都自汉代以来能保持西部优越秀冠农业中心的位置，其关键在于李冰之绩，以“水利以富殖之”，“故生生不穷”（北宋张俞）。特别是李冰创建的“八字格言”和“六字诀”，以顺水之性、崇尚自然、天地人和谐为理念，“以为天下万世治水者法”（清张灼），起了协调人与自然关系的核心作用。

（4）对巴蜀因水而生的城市自然生长模式的创新性贡献

城市因水而生，因水而兴，因水而荣，又因水而困，这是成都作为农业文明城市的显著特点。因此，顺水之性，上善若水，循自然之势，因势利导，滨水生长出城市，这是蜀中城市的生长模式。成都平原诸城市的生长和培育，与李冰治水密不可分。

一是促使都江堰与二江成为成都平原诸城市文明的摇篮。正是李冰治水，才使成都彻底脱离中心聚落时代，成为布局严整的古代农业文明城市。都江堰使成都平原成为沃野千里、水旱从人的“天府”，二江则使成都城市成为繁荣富庶、家给人足的名都。两者把防洪工程和引水工程天然结合在一起，使天府获得万世之利，这是至今有用的历史经验。

二是为成都城市布局的形成奠定了基础。从秦汉到隋唐，由于成都二江并行流经成都城南，因而形成“两江珥其市，九桥带其流”的布局特色。成都城市的“龟城走向，两城相亚、三城相套”的特色，都与水脉的流向有关。濯锦江的得名，更是李冰开流江（笮桥水）得清流可以濯锦的直接结果。

三是成都特殊城脉的发展，也有李冰奠基之功。唐代人说李冰通天文识水脉，是他总束岷江上游散漫水流，开创“管钥成都”的都江堰，突出了成都城市文明发展轴心与河流流向和两水之间的鱼脊形高地地势相一致的特点，形成都江堰至金沙遗址直到浣花溪这一由西向东的成都优良人居建筑的基准线。这条基准中轴线是至今应该珍视和保护的历史文脉。

1. 都江堰青城外山普照寺壁画《飞马灵官图》 摄影 / 李天社
2. 阆中城内门神威武，源远流长 摄影 / 李天社

（5）川主信仰是巴蜀珍水万世的文化标志

“蜀人独神冰之庙祀”（南宋祝穆《方舆胜览》），这是蜀人对李冰治水的感恩文化心理的体现。“民思其德，故神其功”（明人语），这是李冰信仰由人化到神化的思想根源。围绕李冰的神话和川主信仰，有三种类型的故事流向：

一是战国秦汉时期的神话化流向，如李冰斗犀、斗江神、锁孽龙等故事流传甚广。东汉制作李冰三神人石像和五石犀像。这些艺术圆雕都附着了巴蜀有关李冰的神话，往往来源于巴蜀原生态神话传说。今在成都天府广场附近挖出的巨大石犀，应是这五石犀之一，后来立在前后蜀宣华宫苑门前作为镇兽物用的。这类神话传说故事，渊源于古蜀“原史时代”原真态传说，体现了李冰珍水之利而避水之害的理念。

二是唐宋川主信仰的兴起。四川川主庙达一百八十余处，遍及全川。除

少数谓“川主”为杜宇外，多数是祭祀李冰及其子二郎，“民德之，斫在血食，号曰川主”（明人语）。“立庙祠之，岁刲羊以数万计”（南宋祝穆《方舆胜览》），规模是很盛大的。川主信仰兴起的原因，是因为李冰“殚力民生”（清朱介圭），“从此蜀人不复为水所病”。“二郎神”的产生，也是因蜀人有羡慕李冰勇毅，故生子壮健者，就命名为“冰儿”的风气而想象出来的。川主乃“崇仁之神”（明人语），唐代称李冰庙为“崇德庙”。这类故事体现了李冰亲仁性的理念，是以儒家仁礼思想为主导产生的。

三是道教将李冰神仙化的发展趋向，起于唐宋，以明清为盛。这类故事中，最有代表性的是说“巴东李冰，得其先祖遗术，能驱驰云龙，从容宇宙，吐纳风云”（清张灼语），故被皇上召为郡守。这是最早产生的道教故事。北宋时还出现了祭祀李冰的神仙道观，“爰建福地，韦崇仙观”，连离堆伏龙观也“俗传为李公诛邪厌怪之所”，李冰被道教化，这与西蜀是古蜀仙道的起源地，是神仙说最早发生的地方，道教道源皆产生于蜀有关。

总之，以李冰为中心的神话、传说和信仰，充分反映了蜀水文明的丰富性和地域性，也反映了李冰珍惜水、珍爱水、水利万世的神圣观念。

成都周边郊县老桥

成都周边郊县老桥

万里桥是李冰当年在成都所建七星桥之首，刚建成时名为“长星桥”。相传“万里桥”之名来自蜀汉时名相诸葛亮，当年他在桥上送费祎出使东吴“联孙抗曹”，执手一声长叹道：“万里之行，始于此矣！”

成都周边郊县老桥

九眼桥最早建于明代万历二十一年（公元 1593 年），桥如其名，共有九洞，原名宏济桥，又名锁江桥，是锦江上最大的一座石拱桥。

建有字库、土地庙的桥。桥上还有转糖饼的艺人

安顺桥，又名“长虹桥”，建于清朝初年。乃廊桥建筑。后廊火毁桥存。20 世纪 80 年代桥亦毁。90 年代始建新廊桥。

成都周边郊县老桥

图片来源 / 老照片项目组

3. 锦江濯锦大文章　云帆龙舸下扬州

（1）锦江春色与都江堰玉垒

锦江在战国秦汉时代称为成都二江，包括郫江（内江）和检江（外江，又称流江）。自汉代以来，二江开始有了一个诗意化的通称："锦江"。三国蜀汉时大文人谯周著《益州志》，记载了江水濯锦，其纹理鲜明，胜于初成，而其他河水洗锦却不如江水的故事，这是锦江得名最早见于文献的记载。至于"锦江"作为非文献的口述称谓的产生，大概可追溯到西汉设锦官城之时。到唐代晚期高骈将二江改道，郫江就被称为府河（因环绕成都府治而得名），检江则被称为南河（因在府治之南得名。唐代前期成都为蜀郡，后来因唐玄宗幸蜀，故成都升格为府）。南河后来又可单称为锦江，是个同府河相对应的称呼。不过在大多数诗文著作里，府河与南河往往通称锦江。

锦江的得名与都江堰相关。在古蜀时代，岷江进入成都平原后的水流是散漫浑浊的，平原一片沼泽，难以农耕。开明帝鳖灵治水，凿玉垒山导岷江诸水脉以归正流，疏金堂峡通沱水干渠以泄外洪，平原水患得到初步治理。到战国后期秦国成都太守李冰开都江堰，"穿二江成都之中"。"穿"二江的"穿"字怎么讲？是否人工开凿的运河，就叫"穿"？这样的解释，往往令人产生疑问。从成都平原地理条件考察，有此广大平原以来，不会没有水流。对这个问题的解释，蒙文通的说法最为合理。他说："李冰守蜀前，司马错已以六百万石米浮江伐楚，说明农业早已发达。如认为李冰始凿二江，就忽视了自然规律。但我们也不能反对人工河，人对自然的利用总是要加工的。李冰之为汉人所称道，也如江淮通流见于《禹贡》《墨子》《孟子》诸书，而吴通邗沟也是事实。李冰之功在于秦灭蜀后对水利更合理地调整，进行大规模的治理。章樵说李冰穿二江只是用二江引渠为灌溉，是很合理的。"穿二江成都之中，就是指古油子河和古清水河得到治理，用二江引渠为灌溉，浊流变为清江，水害变为水利，这才有濯锦江波的条件，才有锦江的得名。没有都江堰的修建，就不会有洁净的锦江。

1. 两江环抱成都古城流淌而过，在东南角汇合，合江亭就矗立在两河交汇之处 摄影 / 陈先敏
2.1998 年，府河南河综合整治工程获得“联合国人居奖” 图片来源 / 成都档案馆藏
3. 嘉陵江中游吴道子作镇宅龟蛇图石碑 摄影 / 李天社

都江堰是为了锦江的清流而修建的，锦江是为了成都城市的发展而治理出来的。都江堰是渠首工程，锦江是渠干工程，二者都是无坝自流灌溉水利工程的有机组成部分。没有都江堰，锦江难成水利。没有锦江，都江堰难以滋育成都。两者是紧密联系，不可分割的。都江堰使成都平原成为沃野千里、水旱从人的天府，锦江使成都城市成为繁荣富庶的名都。都江堰与锦江都是成都城市文明的摇篮。

古代城市文明多诞生于“两河流域”。巴比伦文明诞生于幼发拉底河与底格里斯河流域的美索不达米亚平原。成都城市文明诞生于古府河与古南河之间的地带。正是李冰的治理，才使古府河、南河之间的高垄台地面貌发生质的变化，使成都彻底脱离原始聚落时代而走向古代农业文明的高峰，使成都很快发展成为全蜀农业经济的中心。

1. 黄龙溪火龙（20 世纪 70 年代） 摄影 / 李天社
2. 望江楼 摄影 / 陈先敏

1

（2）云帆龙舸下扬州

成都的锦江，对于促进成都经济、社会的发展和繁荣，在历史上起过不可忽视的巨大作用。

第一，形成成都对外联系的通道。航运在古代交通运输中占有十分重要的地位，所以江河是古代成都人冲出封闭的四川盆地走向外部世界的重要通道。在古代，成都与外部进行经济文化联系，最主要最方便的办法就是走水路。杜甫诗："窗含西岭千秋雪，门泊东吴万里船""濯锦清江万里流，云帆龙舸下扬州""蜀麻吴盐自古通"。武元衡诗："蜀江春与秋，岷江朝夕流。长波东接海，万里至扬州。"等记载，都说明成都自古与江浙之间依赖水道互通有无，难怪成都和扬州虽然相隔万里，但在唐宋时代却同时成为"天下名镇之冠"，都是全国数一数二的城市，因两个城市的经济文化实力的竞争，还引起了究竟是"扬一益二"，还是"益一扬二"的争论。

2

1. 成都手工艺蜀绣熊猫图 摄影／苏碧群
2. 石经寺祈福 摄影／李天社

第二，赋予成都的工艺以独有的特色。成都的蜀锦，最早称为“锦绣缎”，是世界上最早的缎织品。蜀锦、蜀缎天下驰名，甚得益于锦江。古人说，蜀水有八异：一是蜀江濯锦；二是青城泉水分甜淡，在一天中分时辰交错涌出；三是峨眉水色黑白二分，被称为黑龙江和白龙江；四是夔门峡石，人呼之则流；五是羊角滩，人噪之则水沸；六是临邛化火，最早发现天然气井；七是犍为化油，即石油；八是巫峡煮茶。这八异，可说是蜀水“八绝”，显示蜀江独特的文化个性和八种水文化的奇观。这八异中，成都占了蜀江濯锦、青城泉水和临邛火井三绝。这样的天然条件，对于成都相关的工艺，尤其是成都四大工艺之一的蜀锦、蜀绣技艺的发展，有着重要的促进作用。

2

第三，促进成都商业的繁荣发展。在汉代，“两江珥其市”，商市就是沿两江发展起来的。“市廛所会，万商之渊”“货贿山积”“罗肆巨千”，由此可见成都商业繁荣的盛况。到了唐宋时代，成都每个月都有专门的集市，正月灯市，二月花市，三月蚕市，四月锦市，五月扇市，六月香市，七月七宝市，八月桂市，九月药市，十月酒市，十一月梅市，十二月桃符市，万商云集，盛极一时。陆游词也说：“看重阳药市，元夕灯山。”这些集市多集中在锦江两岸。最早的集市是西市、南市和新南市。晚唐以后在大慈寺解玉溪畔设东市和锦江夜市，城东经济才开始发展起来。

1.2020 年成都大慈寺俯瞰 摄影 / 李绪成

2. 唐代成都大圣慈寺 绘 / 释大恩 摄影 / 李天社

3. 大慈寺匾额 摄影 / 严永聪

1

1. 蜀绣精品鲤鱼双猫图 摄影 / 李绪成
2. 蜀锦《五星出东方利中国》 摄影 / 李绪成
3. 蜀锦 摄影 / 李绪成

4. 锦江春色似江南

锦江为成都提供了深厚的文化底蕴和历史积淀，它对成都历史文化的发展有下面的一些贡献。

（1）锦江是平原蜀人古江源文化的诞生地

岷江上游是古江源之地，是西部文化最先发展起来的地方。历史上人们最早开发岷江、认识岷江，故把岷江误认为是长江的源头，称之为江源。岷江发源于岷山，岷山是高山羌人江源文化的发源地，而成都二江，则是平原蜀人江源文化的发源地。前者的文化特征是石碉和高碉文化。后者的特征是干栏—楼居文化。这两种文化构成巴蜀巢居文化的基本内容，对巴蜀建筑样式和城市布局有重大影响。岷山羌人山地文明的发展，得益于岷江；成都平原城市文明的发展，得益于锦江。人们通过锦江认识到岷江造福于人类的作用，难怪古人要把岷江看成是长江的源头。

2

3

（2）锦江赋予成都水绿天青的自然环境，并为发展优越秀冠的人文环境提供了条件

“九天开出一成都，万户千门入画图”，成都的自然美，成都的天生丽质，素来为人们所称道，但这种美离不开锦江“水绿天青不起尘，风光和暖胜三秦”的优越自然条件。

成都城内看不见山，但推开临江的西窗可以依稀看到西岭雪山，给人以朦胧的美感。成都城内到处有水，水树云天的环境，容易铸造锦心绣口的人文环境，有利于培育骚人墨客乃至一代文豪。从司马相如、扬雄到陈子昂、李白、苏轼、杨升庵、张问陶、李调元、郭沫若、巴金等，文化名人的成长是与巴蜀山水的孕育分不开的。水为成都的文化发展提供了最有利的自然环境。优美的自然环境和浓郁的文化氛围，又使得成都成为历来著称于世的历史文化名城。晋代就把成都称为“一都之会”，唐代的成都被称为“喧然名都会”，宋代则被称为“西南大都会”，到 17 至 18 世纪，成都被称为“货贿山积”的“通都大邑”。成都获得“东方巴黎”的美称，就来源于此。

（3）锦江造就富有文化意蕴的游赏习俗

元人费著说：“成都游赏之盛，甲于西蜀，盖地大物繁，而俗好娱乐。”古代成都游赏习俗的最大特色是艺术化，游赏常常同戏曲、杂耍技艺、吟诗作赋、文人雅集结合在一起。

例如，因解玉溪而兴起的大慈寺玉溪院的宴集，“雅兴直须穷胜赏”“东郊行乐冠西州”。太守和众官吏率队游乐吟诗，与民同乐。老百姓遨游时都带着坐具，在唐代这种坐具不叫凳子而叫“床”，因此就把带“床”遨游的习俗称作“遨床”，太守则叫作“遨头”。

因锦江而兴起的西园、西楼，每年文人有定期的雅集与唱和，留下了歌颂成都的华丽诗文，著名的“西楼苏帖”石刻也诞生在西园。这些活动不仅娱乐了身心，对提高民众的文化素质也大有好处。由于游赏同艺术相结合，而这种艺术又趋向平民化、世俗化，高雅的文人和基层的民众结合在一起。

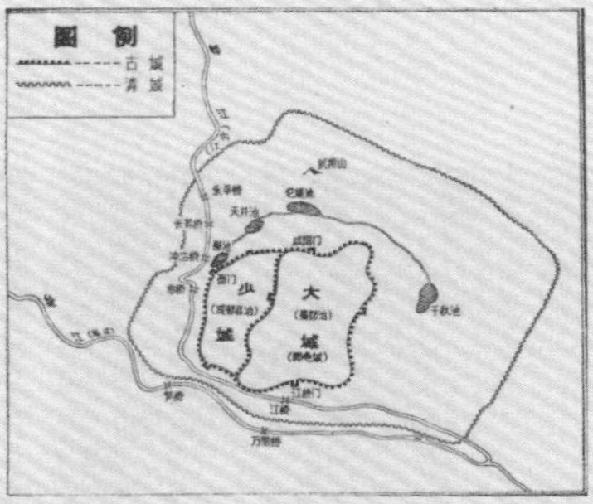

秦创筑成都之大城与少城，两城相并，是成都古城“龟城走向，大少城相并”格局的开端。秦惠文王二十七年（公元前 316 年）司马错、张仪灭蜀，随后张仪与张若仿京城咸阳建制筑成都城，成大城与少城相并之形。

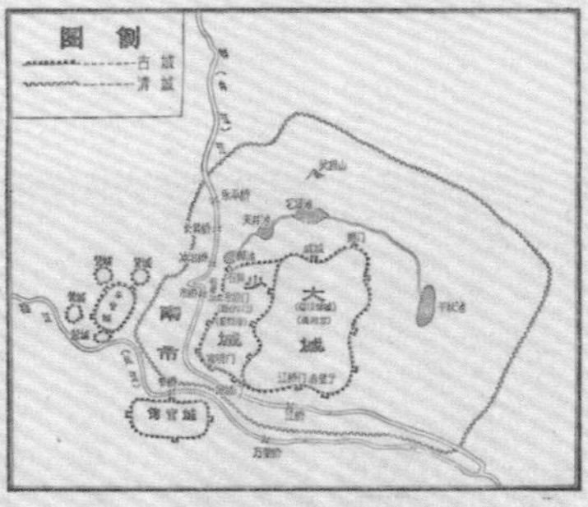

两汉时期成都城古城形成“两江珥其市，九桥带其流”的城市格局。大城、少城均向外扩大，“大城”之外建郭围之，共开十八门。少城外则建有南市和锦官城、车官城。锦官城在蜀汉时期又称为“锦里”。

隋代时期，蜀王杨秀扩建子城（少城）的西面和南面，城垣长达十里。但仍遵守秦汉成都大、少城并肩相亚“两江珥其市”的城市布局。从此，成都古城大少城并立共用西门的格局一直传承下来，成为至今古城文脉。其筑城取土处则建为大城内的大湖，名“摩诃池”，取“池中广大有龙”之意，“摩诃”是佛家用语。

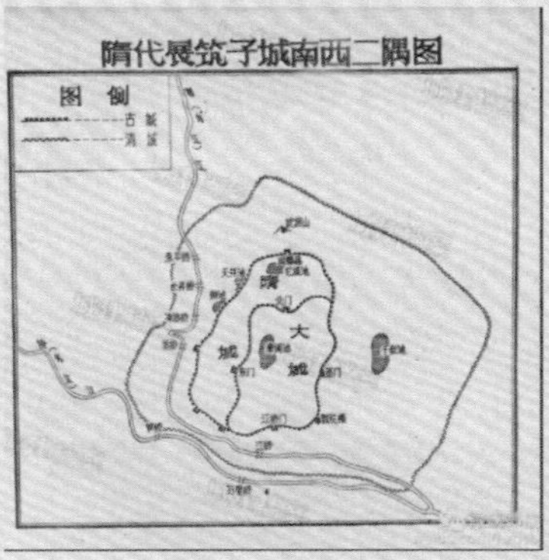

晚唐僖宗乾符二年（公元 875 年）西川节度使高骈扩筑罗城。先改水道，由秦李冰开创的“穿二江”平行流于成都的格局，将外江改由縻枣堰出，环绕大小城于合江亭与内江汇合，形成“府河”与“南河”环抱在一起的河流格局。次则沿府河与南河环抱地形中，扩筑罗城。从此时起，成都城市格局就由秦汉“两江珥其市”的平行脉络，改变为“二江环抱古城”的格局。唐末公孙述曾在罗城外筑羊马城，后亦并入罗城中。罗城四门又筑有瓮城。这一“罗城”格局，成为中国古城市的普遍建筑模式。五代孟蜀时期又在罗城上环城四十里遍植芙蓉，成都因此又得名“蓉城”。

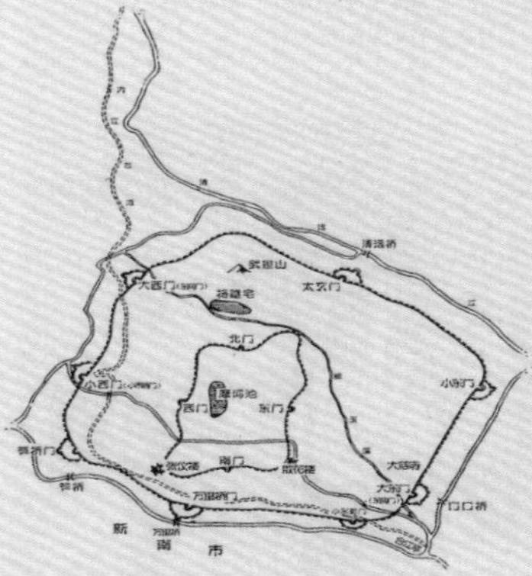

晚唐扩筑罗城图

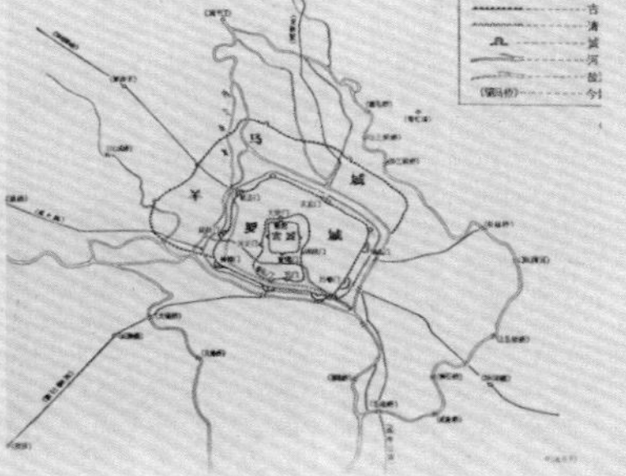

成都古城因地势而建，形如龟，故称龟城。因此而生“张仪筑城，累建累败，遂沿龟行迹引路而建成龟城”的神话。

（注：以上模拟成都地图，皆引自四川省文史馆《成都城坊古迹考》，四川人民出版社 1987 年第一版）

1

1. 清代茶园流行的“花部”演出场景 图片来源 /《巴蜀文化图典》

2. 悦来茶馆 图片来源 /《巴蜀文化图典》

2

因此自唐代以来，成都的文化显出了新的生机，出现了“蜀戏冠天下”“天下所无蜀中有，天下所有蜀中精”的局面。到清乾隆时期，在雅部戏改为花部戏的热潮中，川剧是出现最早、轰动京城、影响最大的地方剧种。

（4）从锦江曾有过的众多名称看锦江在成都人心目中的文化地位

锦江是府河和南河的合称。府河古称郫江，又称内江。“郫”是卑湿之意，源于“卑”字。因在卑湿的沼泽之地排水治水，建筑居邑成为聚落，故称为“郫”。因邑的特色而名江，故名“郫江”。杜宇又名“蒲卑”，“蒲”与“服”古音同，“服卑”即征服卑地之意。

杜宇是最早征服卑湿郫地建立郫邑的蜀人。这些，都充分说明了古蜀文化的特色。府河又称市桥江，是因为市桥跨江而得名；晚唐改道清远河，故又称清远江；宋代开宝年间岷江涨大水，上下游皆受淹，唯有府河没有受淹，故又称之为永平江，希望永远平安之意。

南河也有许多名称。古名检江，又称外江。“检”是枕木之意，因江水有漂木之利的缘故。又称流江、大江、汶江，表明那时人们认为南河是岷江的正流。又称笮水或笮桥水，因江上多竹索桥而得名。笮桥、栈道和巢居是古蜀文化的三大特色，笮水之名亦体现了古蜀文化的特色。又称清江、清水河、粉河、粉江，是因为水的清澈美丽而得名。最有名的称呼要数锦江，因“濯锦江波”鲜于它水故也。锦江一名很容易使人产生美的感觉，所以到唐宋以后，人们不仅把南河也把府河通称为锦江。

（5）锦江与世界文化遗产

都江堰作为世界首创的大规模无坝自流水利工程，是世界水利史的明珠，现已列入《世界遗产名录》。都江堰工程作为一个整体，它是包括了锦江在内的。锦江是都江堰的一部分，而且是都江堰水利的核心。

虽然近代以来，城市受到环境污染的侵袭，但经过今天锦江的成功整治，终于使城市中心滨河最衰败的棚户区域得到根本改观，成为城中心崇丽富赡之区。这是解决世界性滨水城市难题的壮举，是成都人了不起的成就。如果按照世界文化遗产的标准，凭借“锦江腻滑峨眉秀”的灵性和活力，锦江完全可以成为世界文化遗产都江堰的延伸项目。

1

1. 根据川剧灯戏《五子告母》绘制的年画 图片来源 / 《川剧》
2. 四川雅安床围戏曲木雕《翠香计》 图片来源 / 《川剧》
3. 川剧表演艺术家阳友鹤 图片来源 / 崔光丽

清代康乾时期，曾经流行大江南北而有“雅部”之称的昆曲逐渐式微，而被统称为“花部”的各地方戏曲剧种蓬勃兴起。

清代李斗在《扬州画舫录》中称：“雅部即昆山腔，花部为京腔、秦腔、弋阳腔、梆子腔、罗罗腔、二黄调，统谓之乱弹。”

2

阳友鹤（1913–1984），男，艺名“筱桐凤”，又叫欧阳友鹤，四川彭州人。

他是巴蜀川剧界颇负盛名的旦角表演艺术家，他的戏路很宽，文武兼备，闺门、青衣、鬼狐、刀马、花旦、奴旦皆能。

唱腔独树一帜，既保持高腔的共性，又能表现不同人物的个性。他对川剧的剧本、唱腔、表演、舞蹈及服装、化妆的改革创新，均有自己的独到见解，为川剧的发展作出了很大贡献……

5. 巴蜀水脉与“四川”一名的来源

“四川”作为省名，始于元代。

元代的中央行政机构叫中书省，各地的地方行政机构属于中央“中书省”，执行“中书省”的政令，故叫“行中书省”，简称“行省”，到后代简称为“省”，这是今天地方行政机构“省”的来源。元代在宋代的川峡四路基础上设四川行省，简称“四川省”，省治成都。从此“四川”一名沿用下来。

1939 年曾将四川分为四川和西康两省，1955 年西康省撤销，除金沙江以西划归西藏外，其余区域全部并入四川。

1997 年行政区划调整，将四川分为四川省和重庆市。

“四川”省名虽始于元，但“四川”一名却来源甚早，可追溯到唐宋时代。在大周武则天时，陈子昂上疏表中已有“蜀川”之名。

宋真宗咸平四年（公元 1001 年）设益、梓、利、夔四州路，治所分别为今成都、三台、汉中和奉节。这四路，一般称为川峡四路，或略称为川峡。

宋代李心传《建炎以来系年要录》与《建炎以来朝野杂记》二书中已有“四川”“两川”“西川”和“蜀”等地名称呼。

这里的“四川”是“川峡四路”的简称。

“两川”是唐代“剑南东川道”和“剑南西川道”的合称。

“西川”是剑南西川的简称。

“蜀”为巴蜀地域的通称。

宋代政和元年（公元 1111 年）五月的诏书中正式使用了“四川”一词：“诏四川羡余钱物归左藏库”，即皇帝要将四川地区的财赋收入统一调入朝廷的“左藏库”。

这是“四川”最先作为经济管理的行政区划略称的开始。

宋代设有“四川宣抚使”“四川制置使”，就是中央派驻川峡四路的官员，这是“四川”简称的由来。到元代就以“四川”为名，建立了省制。这是“四川”作为经济税收管理区域的开端。

历来有种说法，认为“四川”一名是指四条水。

民国时人郑励俭编著的《四川新地志》说：“长江重要支流十一，而川境者昔日有五，即雅砻江、岷江、沱江、嘉陵江及黔江是也。雅砻江、黔江位于两端，居省内者皆其下流之一部。川省中之四川者，究何所指？岷、沱、嘉陵而外，或谓雅砻，或谓黔江。昔日论者纷纷莫定。自宁雅两属划归西康后，问题自然解决。”（郑励俭：《四川新地志》，正中书局 1946 年 1 月版，第 34 页）这里说的只是 20 世纪三四十年代四川与西康两省的情形。

其实，问题并没有解决。

“四川”一名，有的说是指岷、沱、涪、嘉陵，有的说是指岷、沱、嘉陵、金沙江。这些说法各有不同，除岷、沱、嘉陵三江为共识外，另一江或为黔、雅砻、涪、金沙，各执一词，显然是随着四川的行政区划的变动而产生了种种说法。这反而证明了“四川”不是因四条江而得名，反倒是因为先有“四川”之名而后再来寻找这四条江的。

“四川”作为行政区划的得名，应与四条江无关，而是同唐宋人的文化心理有关。唐代将剑南道简称为“蜀川”，指四“大川：江、涪、雒、汉”，开始出现了“四大川”的概念。到宋代才将川峡四路简称为“四川”“两川”。这些约定俗成的简称，广为流传，到元代即举以为行政省的名称。这是“四川”之名来源的第二个说法，即作为四条江的文化简称。

“四川”一名的第三个来源是把“川峡四路”作为统一的文化地域来称谓的。宋代科举考试统一定在“中秋日”，各地举子到京师会试，唯独川峡四路的举子例外。一是因为四川举子多才，“声教攸暨，文学之士，彬彬辈出焉”，朝廷给予四川特殊优待。二是考虑四川举子多贫，如果“经三峡，冒重湖，狼狈万里”，到京师长途劳累奔波不便。考虑到上述两方面原因，朝廷将四路举子合并在成都本地“乡试”，由中央派监考试官“会试”，选定“进士”。朝廷对川峡四路的这种特殊照顾方法，就是因为朝廷考虑到它具有川峡巴蜀地域文化特殊凝聚力的个性和魅力，故而同意将它作为全国唯一的考试特区处理。这样，“川峡四路”就自然简称为“四川”了。

抗战名镇李庄
图片来源 /《巴蜀文化图典》

长江放筏
图片来源 /《巴蜀文化图典》

长江三峡
图片来源 /《巴蜀文化图典》

乐山三江汇合
摄影 / 李天社

古蜀道大自然溶蚀下的飞仙关 摄影 / 李天社

雅砻江二滩水库

图片来源 /《巴蜀文化图典》

世界自然遗产：九寨沟

摄影 / 王达军

龙船

摄影 / 周勇良

水井街酒坊遗址

摄影 / 李绪成

峨眉金顶 绘 / 谷克沙

巴蜀文脉总谱系

神秘奇绝　文冠天下

中华文明巴蜀样态常青树，
古大都会错综古今新征程。

一　巴蜀究竟有多大?

蜀国地域四至有明确记载的,最早是杜宇方国时期,其范围据《华阳国志》卷三《蜀志》说：北到褒谷斜谷，是汉中通关中的“前门”。南到熊耳（今青神县青神峡）、灵关（今芦山县灵山），这是通川南的后户。玉垒山和峨眉山是它的城郭范围，岷江、潜江（西汉水）、绵水（德阳绵远河）、洛水（什邡石亭江）是它的“池泽”（泽地文明中心地），汶（岷）山是畜牧区域，南中（今云贵区域）是它狩猎的园苑。这时的巴蜀已扩展到整个四川盆地内。秦国灭巴蜀后置巴郡和蜀郡。汉高祖时从蜀郡分出广汉郡，汉武帝又从广汉郡分出犍为郡，这三郡称为“三蜀”。至于巴郡的范围，从汉到三国时期分合不定，最后在三国蜀汉时分为巴郡、巴西和巴东三郡，合称“三巴”。

巴蜀含多少郡?扬雄《益州牧箴》说得最清楚：“拓开疆宇，恢梁之野。列为十二，光羡虞夏。”扬雄说的恢梁之野即巴蜀之地望范围，共分为十二郡。这十二郡，按《古文苑·益州牧箴》章樵注指的是：秦国和秦朝有汉中郡、巴郡、蜀郡、陇西郡等四郡。汉高祖时新置广汉郡。汉武帝开羌夷地，又新置犍为、越嶲、益州（此为新开云南后所置的郡）、牂牁、武都、沈黎、汶山七郡，一共十二郡，其范围可“光羡虞夏”，就是“比虞夏封域为光羡矣”。

林向先生提出了“巴蜀文化圈”的概念。这个圈的范围，具体说来就是汉代时的十二郡。不过，巴蜀地域范围并非一成不变，而是随巴蜀文脉的变迁而有地域范围的盈缩。其盈缩范围与历代行政区的划分有一致，也有不一致，但其核心范围始终是指上列十二郡，其文脉的衍变和传承始终未离开这个范围。

在这个区域内，巴蜀文脉向四方延伸，向南主要是同夜郎文化交融。夜郎文化一直深入到今宜宾的古僰国和今荥经的严道古国。换句话说，巴蜀文化也渗透到滇黔地区。向北主要是与秦陇关中河洛文化交融，向东则与荆楚文化相融，这就是巴蜀文脉的大致范围。

《蜀王本纪》，旧题汉扬雄撰。
本书为历代蜀王传记，
始于古蜀国先王蚕丛，
迄于秦代。

1. 扬雄彩像（清南薰殿藏本）
2.《蜀王本纪》中关于古蜀国的记载

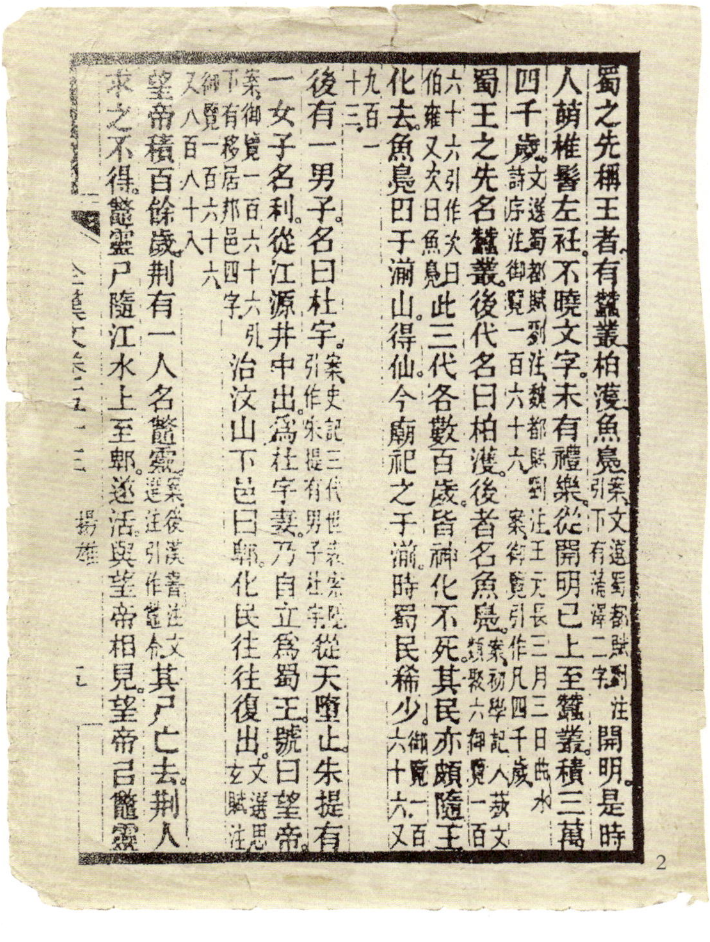

蜀之先稱王者，有蠶叢、柏濩、魚鳧、（案文選蜀都賦劉注引下有蒲澤二字）開明。是時人萌椎髻左衽，不曉文字，未有禮樂。從開明已上至蠶叢，積三萬四千歲。（文選蜀都賦劉注、魏都賦劉注、王文長三月三日曲水詩序注、御覽一百六十六。案御覽引作凡四千歲）

蜀王之先名蠶叢，後代名曰柏濩，後者名魚鳧。（案初學記八、藝文類聚六、御覽一百六十六引作次曰伯雍，又次曰魚鳧）此三代各數百歲，皆神化不死，其民亦頗隨王化去。魚鳧田于湔山，得仙，今廟祀之于湔。時蜀民稀少。（御覽一百六十六，又九百一十三）

後有一男子，名曰杜宇，（案史記三代世表索隱引作朱提有男子杜宇）從天墮止朱提。有一女子名利，從江源井中出，為杜宇妻。乃自立為蜀王，號曰望帝。（案御覽一百六十六引下有移居郫邑四字）治汶山下邑曰郫，化民往往復出。（文選思玄賦注、御覽一百六十六，又八百八十八）

望帝積百餘歲，荊有一人名鱉靈，（案後漢書注、文選注引作鱉令）其尸亡去，荊人求之不得。鱉靈尸隨江水上至郫，遂活，與望帝相見。望帝以鱉靈

全漢文卷五十三　揚雄

二 巴蜀人是怎么来的?

巴人蜀人是从秦陇关中河洛中原来的。今甘肃天水伏羲台是8000年前伏羲氏祖源的文化地标。伏羲是巴人和蜀人共认的祖先。6000年前天水秦安大地湾遗址是秦陇古羌人文化起点的标志。古羌人是游牧采集经济生活的族群。他们从秦陇分两支向东南和西南两个方向迁徙。向东南迁徙的一支走陇右、秦岭、秦巴山区到汉水流域、嘉陵江、渠江、三峡武陵源（湖湘地区），这是巴人族群的分布走向。向西南迁徙的一支是蜀人族群。这支族群走河湟、陇右，进岷山岷江，在5000年前茂县营盘山留下了聚落遗址，再向南迁徙，走九陇逢乡（今彭州）、天彭阙、白鹿山白鹿洞，至4000年前什邡桂圆桥遗址，此地距三星堆遗址12千米，再到4000年前三星堆第一二期遗址，它们均属于成都宝墩文化范围的中心聚落。考古发现与历史文献均证明巴蜀人是从中原关陇迁来的，秦陇关中河洛区域的中原文化是孕育和生发古巴文化与古蜀文化的母体，三星堆青铜文明是从中原万年文化史、五千年文明史的生长根系中直接生发演变来的。三星堆祭祀坑发现的中原殷墟礼乐器物，是古蜀人对中原文明为祖源的祖先信仰的实证。

岷山古称蜀山，蜀人族群因此叫“蜀山氏”。五千年前轩辕氏黄帝、嫘祖族群分衍出的子系高阳氏，即轩辕氏黄帝之子昌意、孙颛顼（“五帝”中继承黄帝的第二帝）这一族系，被黄帝派来蜀山，与蜀山氏世代联姻，组成族邦与邦国联盟。颛顼的孙子是大禹，他出生于西蜀羌乡，西羌是他带领的夏后氏族群的“发迹地”（《汶川县志》）。夏后氏大禹向东入主中原，建立中国第一个父传子王朝——夏朝，成为继黄帝之后，中华国家文明的始祖。夏朝虽在中原建都，但大禹子孙并未数典忘祖，其七代孙帝杼还专门从河洛回汶川石纽祭祖，“术禹石纽，汶川之会”（《景云碑》），以认祖归宗。就是夏朝末代君主夏桀也未忘大禹祖源，专门娶岷山庄王二女琬和琰为二妾。

到殷商时代，巴人与蜀人向中原王朝献“比翼鸟”和“文翰鸟”，作为心向中原的国家认同意识的信物。到周初，武王伐纣，岷山蜀人牧誓八国是讨伐的主力，巴人则勇锐参战，歌舞以凌敌，致力于国家统一。

以上历史事实，说明古巴蜀文化源头来自以中原文化为凝聚引领核心的大一统文化中国认同、民族认同。巴蜀为大中华多元一体、多源一脉的宏伟格局，作出了作为炎黄子孙、华夏儿女、龙的传人的特殊贡献。正如《史记·天官书》所说：“中国山川东北流，其维首在陇蜀。”陇蜀文化是巴人蜀人文化的源头，是龙头，故“陇蜀”连称。

宽窄巷子文化墙 摄影 / 苏伟

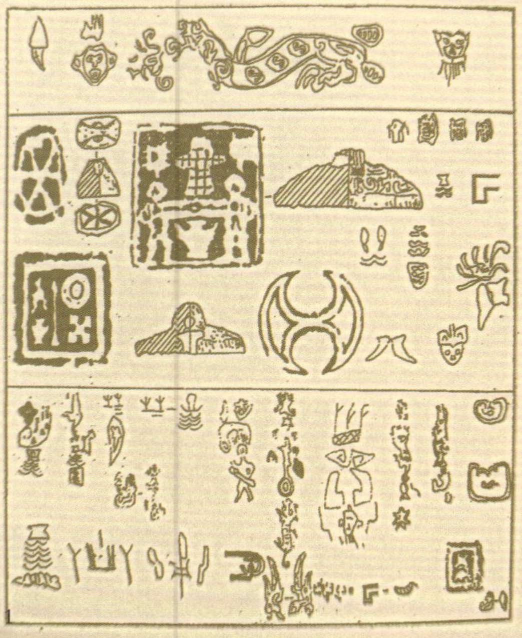

“蜀”的名称最早见于商代甲骨文。据说蜀的祖先是生活于黄河中上游的古代羌族的一支，他们沿岷江流域南迁进入四川盆地，被称为“氐族”，并在成都平原建立了自己的国家，传说中最早称王的是蚕丛和鱼凫，以后是柏灌……

1. 巴蜀图语 图片来源 /《巴蜀文化图典》
2. 新都出土的汉兵马车 图片来源 /《巴蜀文化图典》
3. 重庆出土的东汉砖铭“江州庙官” 图片来源 /《巴蜀文化图典》

2

3

三千年江州城，八百年重庆府，
让渝中半岛成为重庆母城，
也成为重庆历史的缩影。

三 巴与蜀名称的文化内涵

巴地与蜀地是巴文化和蜀文化的生长点。为了探源巴蜀文脉，这里要先追寻一下巴与蜀名称的来源。

在战国以前的历史文献里，巴与蜀是分称的，不论在地域范围、人类群体，还是在古国、古族等方面，巴、蜀之间都有着清楚的分野。到战国时代的文献中，才开始出现巴蜀合称的记载，说明巴蜀从地域相连已经走向族群融合。

巴字的本义，按照东汉学者许慎《说文解字》的解释，原为“食象它（蛇）”，是一种吞食大象的巨蛇。这种解释历来为多数人所接受，也符合巴字字形所象的事物以及有关“巴”的各种传说。除此而外，还有一些关于巴字含义的不同解释，但多无确证，没有得到公认。得到较多支持的是吾师徐中舒先生的创见：“巴之本义为坝”，重岭山区以小平坝为贵，故称“巴”。

从最广泛的意义上说，巴作为地域名称，它的覆盖面相当广阔，不但拥有包括长江三峡在内的川东鄂西地区，还北达陕南汉中之地，包有嘉陵江和汉水上游大部分地区，又南及黔涪之地，包有黔中和湘西地区。由于这一大片地域通称为巴，所以世代居息繁衍在这块土地上的各个古族群也被通称为巴，并由此派生出巴人、巴国、巴文化等概念。从这个意义上看，巴这个名称包含有地、族、人、国、文化等多层次的复杂的内涵，是一个复合性概念。

巴作为地域、民族和古国的名称，早在夏商时代就已著称于世。在《山海经》这部“古之巫书”里，记载有夏代开国君主夏启的臣子孟涂在长江三峡巴地主管神祇的事，又记载有“西南有巴国”的事。在其他古书里，还记载有鄂西南清江流域的廪君之巴（廪君蛮），和川东嘉陵江流域的賨人之巴（板楯蛮）。从这里可以知道，“巴”是一个包括广阔地域范围和众多古代族群的称谓。

如果以文明古国作为巴的地域和族群主体的话，那么，殷墟甲骨文中的“巴方”就是它的代表。巴方就是巴国，殷商时代称“国”为“方”。

巴方最初聚邑在汉水上源一带，西周春秋时沿大巴山北缘向东发展，南移长江流域，溯江而上进入川东。

巴人以渝水即嘉陵江作为中心活动区域。巴人曾在阆中首建国都。“阆水曲折三叵如巴字”，嘉陵江围绕阆中城转了三个弯，故其形如“巴”字。这是称为“巴”的由来的又一种解释。今天阆中“巴”字形太极图山水城镇格局，已成为阆中古城标识。在阆中建都的巴人曾帮助周武王伐纣。到秦末，巴人又改称賨人，帮助刘邦打天下，跳着巴渝舞，歌舞以凌敌。

至于“蜀”字的本义，许慎《说文解字》根据《诗经·豳风·东山》所说“蜎蜎者蜀，烝在桑野”，解释为“葵中蚕”，清代段玉裁《说文解字注》“蜀”字注引“《尔雅》释文”作“桑中蚕”，《诗经毛传》释为“桑虫”。实即桑葵树上生长的野蚕蛞蝓类小昆虫，其身蜎蜎，其头与眼目特大，是蜀人采集渔猎生活的特色食源之一。原始人，包括欧洲、近东原始人群也有采集蛞蝓、野果、贝类、鱼类食用的习惯（柴尔德《远古文化史》第三章）。古蜀人就是这样的原始族群，“蜀”就成为他们的特色食品，在习俗上也就特别崇拜，甚至把它作为祭祀用的礼品，装野蚕的礼器也做成“蜀”的形状，这样“蜀”也就成为珍贵祭器的名称。《管子·形势篇》云“抱蜀不言”，而庙堂即修，注云“蜀，祠器也”，意即把“蜀”器不言不语、恭恭敬敬抱入庙堂。

甲骨文的“蜀”字，其中单个的蚕形，即为野蚕。盛产野蚕的山，也就叫作“蜀山”。这就是蜀人、蜀山称谓的来源。这样看来，“蜀”其实就是桑树上的野蚕，它是现代家蚕的直接前身。随着文化的进化，蜀人发现野蚕可以变为吐丝家养的家蚕，从而发明了栽桑养蚕，发展出丝织技术。甲骨文“蜀”字又有众蚕相聚在一目之下，是丝工眼下从聚养丝蚕的图形。

作为地名和族称，古代文献中记载川西北岷江上游地区为蜀山，居住其地的蜀山氏与黄帝族通婚，表明最早的蜀族是从岷江上游兴起的。

从最广泛的意义上说，蜀也是一个包含着地、人、族、国、文化等多层次内涵的复合性概念。在夏商周之际，岷江上游蜀山氏逐步由游牧、采樵渔猎经济时代进入田蚕织作经济时代，再到青铜文明时代，不同的时代、不同的经济生活遂产生了不同的五大族群首领。蚕丛氏，其族群过着以栽桑养蚕、纺织丝绸技艺为特征的田蚕织作生活。柏灌，又作柏濩，“濩，言救民也”（《风俗通·声音》），指维护河堤，雍堤治水以护卫民居，这是蜀人与水患作斗争的时代。鱼凫，其族群过的是养鸬鹚的白水郎渔猎生活。杜宇帝，“教民务农”，其族群过的是高级耒耜农业文明经济生活。开明帝，“开明”的“明”字与“萌”“氓”“民”诸字同音同义，指“客萌”“宾氓”，即客居人，而非土著农民。荆楚人鳖灵率族逆江而上，到都广之野建立王都，代替杜宇氏，学习中原礼乐文明，并统一巴蜀，建立开明王国。他们虽然来源族群不同，起源地有异，但均是蜀人甚至是巴蜀人认同的“共祖”。每个祖称名字下，又包含世代延续相继的十多个首领，故通称为“古蜀五祖”，或“古蜀三王二帝”。

殷墟甲骨文中多次出现有关“蜀”的记载，它们大多是指当时蜀国设置在汉中盆地的军事边圉和农作区。在西周的周原甲骨文中，也有“蜀”的刻辞。殷周甲骨文的“蜀”，指的都是以成都平原为政治经济文化中心的古蜀国。正是这个古代蜀国，曾在商代创造过高度发达和辉煌的三星堆文明，在西周初期建立过金沙王都。从商周时代直到春秋战国，尽管古蜀国曾经几次发生都邑王权更迭，然而作为古国名和古方国名，“蜀”的名称始终未变。

中游——南充阆中古城 摄影 / 李天社

丰都出土的汉代骑马抱琴俑

郭都出土的东汉说唱俑

忠县出土的庖厨俑

遂宁出土的汉代陶楼

本页摄影 / 李绪成

忠县出土的三国听琴俑

合江出土的对吻俑

乐山市曾出土东汉崖墓刻画，一男一女交膝盘坐，亲密接吻。与此类似的是郫都区出土的东汉石棺床上所刻伏羲与女娲上接吻下交尾图。彭山县出土的东汉石棺床石刻有类似图案，这是远古母系时代遗留下来的“高禖”祭祀习俗的遗留，是祖先生殖崇拜的象征。信奉先妣，神禖交尾，以示子孙生殖繁衍。在西南叫作“姐”神崇拜，即西王母崇拜。“姐”指女性祖先，相当于中原的“妣”，“祖”则指男性祖先。

四　巴蜀历史文脉总谱系

1. 巴山蜀水是巴蜀文脉五千年粲然殊奇个性化的生长地

在巴蜀大地上，巴蜀文脉流贯了五千年。从它的童年时代起，就已经形成了“自成一系的古蜀文化区系”，经历了自己的社会与文化发展的诸历史阶段，一直浸润、贯穿到今天，对中国社会历史与中华民族文化诸特征的形成和发展作出了自己独特的贡献。同时，它又同其他地域文化相生相依、交流融合，在自己独特的自然环境与时空构架里，形成了自身起源、形成、发展和衍变总谱系的特征。正如苏秉琦先生所论：文明起源“五六千年间是社会发展出现‘个性化’突出的历史阶段，又是各区系间交流最重要时期”。巴蜀文脉五千年总谱系的“个性化”突出特征，我们用六个字来形容它——“神奇、神秘、神妙”。

它指的是：

巴蜀生态世界无边的神奇之美，

巴蜀文态世界无尽的神秘之美，

巴蜀心态世界无穷的神妙之美。

这“三神”“三美”就是巴蜀文明的神韵和精髓所体现出的特征。

2. 从巴蜀历史文脉总谱系的空间布局与时间轴线，看巴蜀人对中华民族创始力精神的贡献

巴蜀地域文化的空间布局与时间轴线，体现出巴蜀人在中华文明创始力精神上的贡献，主要具有以下九个方面的特征。

一是巴蜀空间范围内诸种品位的地区文化、民族文化资源富集，具有特殊的神奇神秘的魅力。

二是不同空间尺度的文化坐标，古今错综，共同天然地演绎成为巴蜀文明共同体，组成既有主体核心又能兼容四方，开放互鉴、和谐共融的独特文化坐标，向东联系海洋文化，向西联系欧亚大陆桥文化。

三是巴蜀众多从古到今的物质文化遗产和非物质文化遗产，是历代蜀人非凡智慧的结晶，是瑰丽神奇的自然和人文景观的瑰宝。四川是我国列入世界遗产名录的遗产最多的一个省份。以三星堆、金沙为标识的古蜀文明大遗址区，是世界级的景观，够得上世界级文化遗产水平，特别彰显出神奇、神秘、神妙的魅力。金沙太阳神鸟金箔，已成为中国文化遗产标志，这是蜀人独特智慧在今日复兴昭苏的明证。

1.2001 年 3 月—6 月，三星堆文物在美国西雅图艺术博物馆展出时的盛况 图片来源 / 三星堆博物馆

2.1996 年 9 月，三星堆文物在伦敦大英博物馆展出时的盛况 图片来源 / 三星堆博物馆

四是人文学术是巴蜀文化的精神内核，其最大特色是不少人文遗产具有中华优秀传统文化主干儒、释、道三学三教圆融的特征。“三教圆融互尊”，三学驰骛包容，特别是仙禅文化往往合一，是巴蜀优秀传统文态的根基。这一特性发展出巴蜀人“心灵超越，文化重在神髓；文冠天下，蜀学重在文史”的人文历史传统。著名蜀中文杰林山腴先生曾论证“成都自扬马以来，文章学问跨越两京，人无异识”，这就是巴蜀文章学问冠天下的特色。谢无量先生《蜀学原始论》认为：“国人数千年崇戴为教宗者，惟儒惟道，其实皆蜀人所创。”释家“其学不自蜀出，得蜀人始大，及蜀人治之独胜者”，为禅宗、华严宗，“粲然殊奇，蜀所独有”。谢无量先生所说蜀学的“所创”“始大”“独胜”“独有”这几种情况，正是巴蜀人文“粲然殊奇”的历史财富和历史优势。凭借儒、释、道三学在巴蜀最先起源或最早奠基的历史优势，凝练出巴蜀文化的精神内涵，有助于促进巴蜀人走上心灵超越，内在圆澈，回归精神家园，复兴民族文化之路。

五是巴蜀源远流长的城乡浑然一体文化。在历史人文变迁的时光长河中，形成了以成渝双子星座为标识的城市城镇网络体系，名城名市、古镇古村不同时代不同尺度的文化坐标交错演绎，经过上千年的发展和衍变，流传到今天，成为巴蜀工商城镇网络体系中的明珠、巴蜀文明的地标载体和珍贵遗产。

六是巴蜀红潮，百年红色征程。它是五千年中华文明，也是五千年巴蜀优秀传统文化传承革故鼎新，日新又日新的薪火，开拓革命文化新路的结晶。巴蜀从来富于革命精神。虽然巴蜀文化生活方式多顺应自然，天性若水，有习惯于在漫长历史时光长河中随缘自得、缓慢流淌、享受生活美的一面，但在平静中也蕴含着时代潮流汹涌澎湃的巨大能量，遇险阻则激流飞溅，特别是历史转折处会掀起惊涛骇浪，推动巴蜀红潮勇立潮头。

1. 松潘县红军长征纪念碑 摄影 / 根秋多吉

2. 石渠邓柯十八军解放昌都纪念碑 摄影 / 根秋多吉

阆中川北皮影王　摄影 / 李天社

七是巴蜀非物质文化遗产主要是明清时期留下来的，它是巴蜀文化时间长轴凝聚的产物和结晶，是巴蜀人祖源文化与生命记忆的根。它的活态至今传承，又不断创新，体现了巴蜀人特有的精神世界和心灵活动，历时弥久愈显光彩，愈益显现出唤醒地方记忆、唤醒民族记忆的历史活态价值与民族复兴的时代价值。

八是巴蜀文化在塑造和凝聚中华文化创始力精神上的贡献。人类文明是人类文化好奇心、探求力、想象力把多种文化因素凝聚、提升到文明程度的产物。由于地域和自然条件差异、民族集体文化性格差异，在从文化演进为文明的进程中，也就形成了世界各地区各民族的不同的信仰、概念和话语。中华民族有不同于世界其他民族的文明特征，集体文化性格、民族终极价值观、文化理念和文化信仰。中华万年文明起步、五千年文明形成和衍进，其悠久丰厚的文脉基因具有从未断裂的连续性、创新性、统一性、包容性与和平性，这是龙的传人一代又一代以自身民族独特的文化创始力——民族的创造精神、奋斗精神和理想精神、梦想精神两方面紧密结合——创新创造出来的。它以自己民族丰硕的创新性成果和中国特色的历史道路，直至今天的中国特色社会主义道路而屹立于世界民族之林。巴蜀文化作为中华民族文明的一支地域文化，从“兆基上古”的巴蜀百万年人类史，“人皇九囿”的万年文化史，到巴蜀文化共同体五千年文明史，均对中华民族文化创始力，对中华精神家园的形成和发展，作出了具有自身地域特色的独特贡献。以三星堆、金沙为标识性文化符号的古蜀文明，雄辩地证明古巴蜀是中华，也是人类古文明创始力多个地源中的一个重要中心。古巴蜀人是富于奇肆的文化想象力和隽永的文化谐趣力的族群。

九是巴蜀人心灵美学境界的特征。心灵世界是指巴蜀人的精神境界、思维定式、文化心理、集体文化个性和对追求人民幸福的生活美学观、心灵审美观等方面。除了具有中华民族心灵美学追求的共性，还具有巴蜀地域的特殊性。把巴蜀与其他地域文化相比较，其心灵美学世界自有其神妙之处。巴蜀人既有浪漫主义的“苞括宇宙，总揽人物”“控引天地，错综古今”的梦想精神和理想精神，又有践行实地的“非常之人，非常之事”的奋斗精神、创造精神。这两种精神会通交融，成为巴蜀人心灵美学的特征，是对中华民族共有精神家园的重要地域贡献。这些精神既体现巴蜀人才精英敢为人先、创新创造、破旧立新的境界，也体现普通老百姓日常烟火生活美学追求的休闲生活方式和诗意审美享受的生活态度。

悠然自得 绘 / 谷克沙

巴蜀文脉
五千年发展轨迹

华夏原乡有蜀山 陇蜀传脉五千年

一　宝墩文化与古蜀历史文脉的起源

巴蜀地域文化何时开端？又是何时由文化进入文明？这些问题的解答，首先要从百万年人类史说起。巴蜀文化生长根系可以追溯到200万年前人猿相揖别的巴地巫山人时代和4万年前蜀地智人资阳人时代。

再从万年文化史说，巴蜀文化诸因素积淀衍化为巴蜀文明因素的萌芽和起步，应是新石器时代早期8000年前号为“人皇”的秦陇伏羲时代，巴与蜀共为同根同源的“人皇九囿”区域之一。

到新石器时代晚期4500年前宝墩文化出现，是巴蜀先祖由食物采集者转变为食物生产者，由简单的植物栽培和动物饲养转变为田野农业和畜牧渔猎兼容的时期，标志着古蜀文明的正式形成。

1. 宝墩文化与成都平原最早的“古城”

大约距今4500年至3700年，成都平原上的古蜀人已由游团走向初期的农业定居，出现了许多大大小小的聚落。小的仅几千平方米，大的可达几十万平方米。最大的是新津县宝墩遗址，面积达60多万平方米。其次有都江堰芒城遗址、郫都区古城遗址、温江区鱼凫城遗址、崇州市双河村遗址和紫竹古城遗址、大邑县盐店村遗址和高山村遗址。这8个聚落遗址均已夯筑了城墙。有的还筑有双层城墙，内外墙之间有很深的壕沟隔开。从当时这些聚落规模大小不一看，聚落已有分化，出现了中心聚落，社会组织则已出现初步贫富等级分化，而其他散处平原各地的小聚落则处于从属地位。

郫都区古城遗址中心发现约550平方米的大型房址，内有并列五个卵石垒成的祭台遗迹，应是当时蜀人祭祀和集会的场所。其中心是首领发出号令的场所，上插旗杆，杆上有飘扬的旗帜，周围15处小房子，是部族每个小家所居。首领在中心祭祀台挥旗发出号令，周围小家则团结在首领的大房子周围。这是最早的家国同构的典型聚落，是巴蜀家国同构，“家是最小国，国是最大家”的家国文化情怀的起源标志。中心旗杆则是甲骨文“中国”的“中”字的起源标志。

城市史学家刘易斯·芒福德《城市发展史——起源衍变和前景》一书曾论证有一定地域聚集人群并有人类最早的超自然的精神礼仪性、威仪性汇聚地点，即各方人口朝觐的共同信仰的礼仪中心出现，是“城市发展最初的胚盘”。宝墩文化时期已具备这些条件，正是成都平原原始城市的起源期。成都平原最早的古城即原始中心聚落，是在平原扇形水系和纺锤形水系之间的鱼脊形高地上发展起来的。

到距今3000年前的三星堆文化、十二桥文化、金沙等遗址所昭示的早期文明发展时代形成了最早最大的古蜀王都。到战国早期，商业街船棺葬遗址显示的时代，今成都古城垣的西部即古少城中心区域，成为开明王国的定都点。

到战国晚期，秦惠文王二十七年（公元前316年），司马错、张仪灭蜀，始设蜀郡与成都县，公元前311年又仿京城咸阳建制，兴筑成都、郫城（今郫都区）和临邛（今邛崃市）三城，此为成都城市规划与城市设计之始。成都的得名始于开明九世，相当于战国早期，从此“成都”作为城名，2500年始终没有变动过。成都具有世界罕见的“城址不迁三千载，城名不改二千五”的重要历史特征。

古人由游团到聚落到都城，都要经历漫长的迁徙和选择王都与定居点的过程。夏人曾由西蜀迁到河洛，殷人以盘庚定都安阳殷墟与牧野为界，“前八后五”，迁徙次数更多。

古蜀人在成都平原上也同样经历了漫长的迁徙选择过程，先在平原边缘选择定居点，再到平原的腹心区域立足。今天的成都能在“都广之野”繁衍发展，实在不能忘记古蜀先民筚路蓝缕，开启荒林，制服洪水的奠基之功。

宝墩古城遗址地处四川盆地西部，位于新津宝墩镇宝墩村、双石村、龙马村。遗址东北距岷江支流西河 4 千米，西邻铁溪河。遗址所在区域自然条件优越，生态环境良好，地貌景观以农田、林盘和纵横交错的灌溉水网为主，村落植被和建筑景观呈典型的川西林盘景象，具有较强的地方特色，已划入保护区，实行原址原貌保护。

1. 航拍新津宝墩遗址 摄影 / 李绪成
2. 新津宝墩遗址平面图 图片来源 / 新津档案馆
3. 新津宝墩遗址 360° 环拍照片 图片来源 / 新津档案馆

1

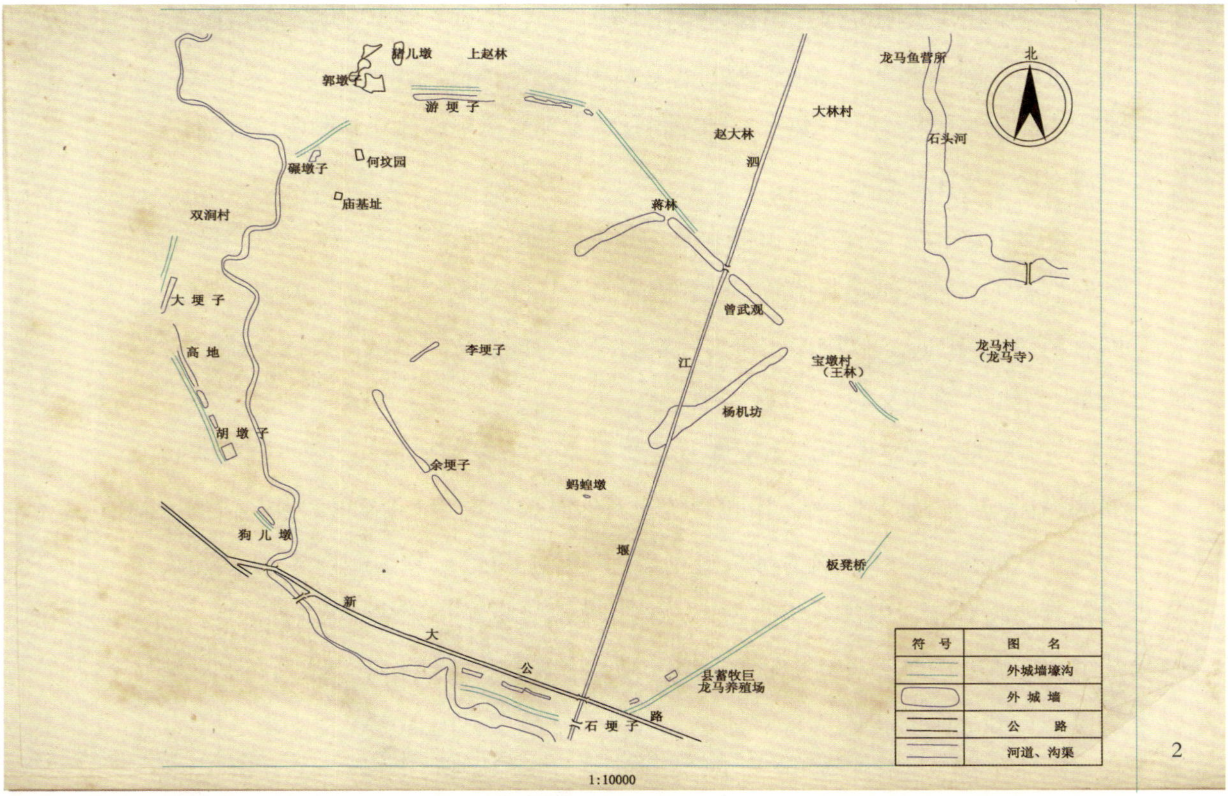
猪儿墩
上赵林
郭墩子
游埂子
龙马鱼营所
北
大林村
赵大林
石头河
碾墩子
何坟园
泗
庙基址
双洞村
蒋林
大埂子
曾武观
高地
李埂子
江
宝墩村
（王林）
龙马村
（龙马寺）
杨机坊
胡墩子
余埂子
蚂蝗墩
狗儿墩
堰
板凳桥
新
大
公
路
县畜牧巨
龙马养殖场
石埂子
符号
图名
外城墙壕沟
外城墙
公路
河道、沟渠
1:10000

2

北
东
南
西

3

宝墩文化最大的亮点是出现了稻作文明，并且超过了粟作文明。宝墩文化遗址中发掘出1430粒炭化植物种子。其中稻种占643粒，粟种只有23粒，证明当时已是稻作为主，粟作为辅。同时还发现水稻植硅体，证明水田种稻已成宝墩文化生业形态。

美国学者卡尔·奥古斯特·魏特认为作为“稻米文明”的中华古文明，“这使它们有了一种卓越超凡的统一性和内聚力”。巴蜀人“大一统”的国家认同意识与心向中原，以中原文化为导引的内聚力核心认同意识，其经济基础就是中华稻作物质文明。

以上即是古蜀文明由游团部族发展到古城—古国的全过程。古巴文明发展的途径则与古蜀文明大不相同。从新石器时代晚期至青铜时代，巴人始终处于分散部族时代，没有形成过引领性的中心聚落。分散的众多巴人部族首领各自称王，巴氏作为“贵夷君首”是七姓竞比出来的。换句话说，从国家形成三部曲看，巴人比蜀人滞后，长时期处于“古文化”到“古城”阶段。直到战国时代巴人群落才进入“古国”阶段，出现宣汉罗家坝、渠县城坝类型的“古国”都城，但还未进入统一的“大方国”阶段。从巴人部族的社会生产方式看，直到秦汉时代，“也还停留在水居渔猎阶段，定居农业并不发达”（吾师徐中舒先生的观点）。川东山区丘陵的农业发展原本就比川西成都平原滞后，蜀王杜宇先教蜀人高级耒耜农业，然后才教巴人农耕，巴人的耒耜锄耕农业是晚于蜀人的。正因为巴人长于渔猎，其部族为适应环境而随处迁徙于险峭山区峡谷之间，故巴人集体文化性格特征表现为尚武、刚直、勇悍。

2. 宝墩文化“古城”与成都城脉中轴线

4000年前的成都平原水网密布、森林茂密、植被丰郁、沼泽成片。从西北岷山流下的众多河流呈西北—东南走向，冲击着成都平原。在众多乱流中，遇两水之间的高地，古蜀人就会排水泄洪，治理沮洳，建成定居场所和农业种植地，成都城市格局脉络发展的走向就是这样形成的。成都平原最早的城市文脉有三个方面的特点。

一是影响今市区古城垣龙脉发展趋势，呈现由平原西北和西南边缘逐步向平原腹心发展的态势。平原边沿的都江堰、崇州、大邑等地的古城聚落最先出现，后来逐步发展到平原中心的温江、新津、郫都区以及今之成都市区古城垣一带，形成西北—东南走向的城市发展中心轴和街市格局建筑的基准线。它不像中原城市中心轴多为正南北的走向，而是偏正南北 15° 的中轴线。因此，古城垣是在二江内，以这条建筑基准线为中轴修筑起来的，形似大龟，故古成都又被称为“龟城”。这条基准中轴线，是今天应该珍视保护和传承的成都市区历史文脉的宝贵遗产。

二是最早的成都平原诸城市的经济文化发展轴与河流的流向和两水之间的鱼脊形高地地势相一致，不少古城古镇最早是在岷江、文井江、石亭江等流域地势较高处发展起来的，这成了以后成都平原城镇分布的基本格局。颇为奇怪的是，沿岷江发展起来的古城镇多在岷江西岸，这可能与“东别为沱”有关，向东泄洪，西边就成为城池定居点。由于都江堰扇形水系的影响，成都平原诸城镇的经济和文化最先从平原西北沿若干个两江之间的扇形鱼脊台地上生发出来，然后向东南发展和传播。

所以，成都城的西边和北边发展最早，而成都城的东边和南边发展要滞后得多。到中唐以后，节度使韦皋在大慈寺前穿解玉溪，开辟东市和夜市，成都城市才开始了它的经济和文化发展重心向东向南转移发展的历程。但这个历史进程到现在也未能完成。所以，今天才提出了建立城东副中心和城南副中心，整个城市向东与向南发展的战略。天府新区的建设，其历史文脉走向就在这里。

三是成都城市文明的性质，从其始源到后来的发展流向，都带着泽地农业文明的典型性。泽地是文明最先发展起来的区域，泽地文明是中国农业古文明的一个重要特征。成都平原泽地文明的走向，正好同今日的考古发现相一致。如将广汉三星堆遗址和月亮湾遗址、彭州濛阳镇竹瓦街古城聚落遗址和彭州濛阳镇竹瓦街以殷代二觯为代表的青铜器窖藏遗址、新繁水观音遗址、新都马家古蜀王大墓遗址、金牛区黄忠遗址、青羊区金沙遗址和十二桥遗址，直到成都古城腹心商业街船棺葬遗址，再到指挥街遗址连接起来，正好构成了成都平原从北向南发展的文化发展轴线，刚好也是殷商以来的古蜀文明发展的中轴线。这条中轴线是最典型的泽地城市文明诞生和发展的生命线。

这条中轴线的北头是陇蜀文化延伸下来的陇右秦安大地湾、茂县营盘山，再至九陇天彭阙“小成都”，直到什邡桂园桥、广汉三星堆等诸多遗址。它的上部串联起成都平原西北和西南边缘以七座古城为代表的宝墩文化。这条中轴线的南头是青羊区的金沙遗址，其下部则串联起商业街战国早期开明王族的船棺葬遗址。这条中轴线的两翼分布着众多遗址，从新石器时代晚期的方池街、指挥街、青羊宫遗址，直到殷商西周的黄忠遗址、十二桥遗址，以及青羊宫隋唐窑址。这条中轴线左翼往北则串联起羊子山西周时期的祭台遗址和凤凰山与沙河（古称凤凰水、升仙水）的凤鸟羽人飞升成仙的仙文化所在地，它是从三星堆神树仙鸟文化发展来的。这条南北纵贯的泽地城市文明线，是巴蜀文明共同体的历史形态和现实形态的历史源头聚集点，也是今天成都平原城市群（包含大小中心城市和卫星城）形成和发展的中轴线，还是今天建立和发展成（都）、德（阳）、绵（阳）、广（元）城市经济带的历史根脉，是今日旅游的黄金线，值得我们注目和重视。

岷江峡谷 摄影 / 吕玲珑

成都平原新石器时代晚期文化是从西北山区茂县、汶川、理县等地进入成都平原的，从遗址的分布区域推测，进入成都平原的路线可能有两条：

一是从茂县翻越九顶山直接进入什邡，

二是顺岷江而下从都江堰进入平原……

二　三星堆、金沙与古蜀杜宇方国王都的形成

1. 三星堆、金沙的发现与发掘

三星堆祭祀坑遗址是 1986 年 7 月成都平原北部广汉市鸭子河畔当地砖厂取土时发现的，后经科学考古发掘，确定为 1 号、2 号两个祭祀坑。2019—2020 年又在 1、2 号祭祀坑紧邻的地段发掘出 3 号至 8 号六个祭祀坑。总共八坑均属于辉煌的古蜀青铜文明时代。除了 4 号、5 号坑与其他坑埋藏时间相距约几十年外，其他六个祭祀坑差不多是同时的，相距不远。最近发现，2 号、3 号、8 号三个坑内各埋有一截碎裂成三块的青铜羽人像，经过文博考古工作者巧手组合成功，居然出现一完整神人形象，头顶铜尊，双手撑立于青铜立形底座上，反躬曲身，双足上举，足上各举着一只青铜飞鹰，神奇而又高贵，应是想象中的肉身能飞，其翔似鸟的“仙人”形象。这一人像的组合成功，证明三个坑埋藏年代是一致的。

如果以古蜀方国王都的眼光来看三星堆，就绝不只是八个坑的小范围。它首先是指从三星堆到月亮湾、真武宫的遗址遗存，包括整个鸭子河、马牧河（均属于湔江）流域内，面积达 12 平方千米的大范围。

月亮湾遗址最先发现的是玉器坑，是 1929 年当地农民燕道诚在挖自家水沟时发现的。1933 年华西大学博物馆馆长葛维汉先生、林名钧先生领队，经当时政府批准，主持了对该地区的科学考古发掘。新中国成立后，1951 年、1958 年、1963 年、1981—1986 年，直到现在，四川文博考古工作者多次对三星堆地域进行勘探和发掘。由此可见三星堆遗址遗存绝不是偶然发现，而是经过了众多文博考古学者多年艰辛的努力。

1929 年是三星堆文化发现的开端，1933 年是三星堆科学考古发掘的开端。有意义的是，以 1929 年、1933 年为标志，也是现代西蜀文化研究的开端。1934 年林名钧曾把汉州（广汉）月亮湾发掘情况写信向在日本的郭沫若汇报，

金沙遗址文物挖掘现场 摄影 / 李绪成

郭沫若同年 7 月 9 日的回信中认为“研究（汉州月亮湾）这个文化分布的广阔范围”，“是极为重要的问题”，“肯定会出现更可靠的证据”，“四川到处会有新的发现，将展现这个文化分布的范围”。在郭沫若 1978 年去世后，1986 年三星堆惊世骇俗的考古发现，证实了他的预言。同时，这个预言也激励“现在的我们”认真研究（三星堆）“这个文化分布的广阔范围”，既要有 12 平方千米面积的“王都”眼光，更应该有全巴蜀范围内的古蜀方国的视野。

与三星堆王都时代先后相衔接、文脉相延续的金沙遗址，属于十二桥文化，是 2001 年金沙楼盘开发取土工程中发现的，分布在成都市区西郊磨底河（今沙河，古沱江）南北两岸，面积约 5 平方千米。其器物多与三星堆文化的文物形制类似，同样神秘而精美，但又有不同于三星堆的个性，多小巧而玲珑。三星堆高达 2.6 米的青铜大立人像，在金沙则变为仅 0.6 米高的小青铜立人像了。2001 年后，又经过了不断的勘探和发掘，范围也在不断扩大。从十二桥文化分布的范围看，金沙是三星堆王都衰落后紧接着迁自三星堆西南而形成的又一个古蜀国王都。

"古方国"视野是解开三星堆、金沙两个王都文化奥秘的突破口。

20世纪八九十年代苏秉琦先生第一次提出了"三星堆是方国"的概念。他认为四川盆地同全国其他地域古文化区系类型一样，经历了"古文化（原始文化）、古城（城乡最初分化意义上的城和镇）、古国（高于部落以上的'早期城邦式的原始国家'）、方国（'万邦'小国群体拥戴的大国）"等国家文明起源、形成和发展阶段。宝墩文化时期是古蜀诸"古城""古小国"中心聚落林立时代。三星堆则是最先在九陇天彭阙白鹿山至湔江流域崛起的大方国，统治着古蜀古巴区域内诸小邦小国各个文化群体。历史文献中统一了巴国和蜀国的是杜宇帝，因此我们可以把三星堆称为"杜宇方国王都"。

如何看待杜宇方国的"三星堆王都"？我认为需要注意以下三点。

第一，杜宇方国文化面貌涉及的地理范围问题。

先说杜宇方国文化面貌的大范围。据《华阳国志·蜀志》记载，其北有"褒（谷）斜（谷）为前门"，其"南有熊耳（青神峡）、灵关（越西县灵关道）为后户"，其中有山"玉垒（绵虒玉垒山）、峨眉（指'南安'，今乐山，为古蜀王国最早的都城）为城郭"。在这个大区域范围内，农耕畜牧兼容。其宜农区域则有水润灌溉，"江（岷江）、潜（嘉陵江）、绵（德阳绵远河）、洛（什邡石亭水）为池泽"。其宜牧区域则有"以汶山为畜牧"。至于杜宇方国的后方还有南中"后花园"："南中（宜宾以南至黔西滇东）为园苑"。可见杜宇方国统治范围之广大，已包括古巴与古蜀诸小国小邦。其农牧产业之富庶，是杜宇为杜主（即农祖），先教蜀人，后教巴人，学习农牧技艺，"化其教而力农务"带来的结果。同时还保留鱼凫时代传承下来的以鸬鹚（俗名"鱼老鸹"）和扁舟捕鱼为特色的白水郎渔猎经济生活。杜宇帝"功德高诸王"，故成为众蕞尔小邦的大方国共主，加称"帝"号。由此可以想见，杜宇、开明时代古蜀王国的经济生活与文化面貌已达到相当高度。而这样一个富庶广阔的古蜀王国的中心就是先后相继的三星堆与金沙。因为湔江流域是古蜀农牧文明最高度发展的中心，三星堆区域正是这个中心的代表，故被杜宇氏选为方国王都。湔江三星堆再向沱江发展，到了金沙中心区域，遂被选为开明氏大方国的王都。这两个王都引领力、辐射力之大，也非同一般。尤其因为三星堆是在古蜀五祖“生发地”文化地标“天彭阙”区域内的岷江支流湔江流域，承袭古蜀文化古城古国方国发展文脉而生长出来的新的方国文化中心，其辐射力绝不只有三星堆祭祀坑与月亮湾古城12平方千米小范围，而是由小范围的量变到大范围的质变的革命性飞跃，其文化向东向南更广更远地扩散、放射和延伸，覆盖“古蜀方国”包括古巴、古蜀诸小国群体在内的硕大扇形范围，这就是“三星堆方国”“金沙方国”，这就是三星堆、金沙王都文化连绵不断的全貌、奥秘和发展轨迹，因此，需要我们以古蜀方国的大视野去深入寻找和解读。

正如辽西红山文化区系，也绝不只是由喀左大型石砌祭坛、牛河梁女神庙、积石冢群以及六个青铜礼器祭祀埋葬坑组成的面积30平方千米的小范围，其文化群体风貌和轨迹，是辐射、扩散到整个燕山南北长城地带为中心的北方古文化区系。

第二，三星堆、金沙王都与中原母体文化的关系。

中原古文化区系是在中华民族形成过程中起着最重要的向心凝聚作用的“民族大熔炉”。而红山文化北方区系和巴蜀文化西南区系两大类型则是以中原为中心的中华母体文化总根系中的两个直根系。在中华多元地域文明的满天星斗宏伟格局中，红山文化北方区系、良渚文化东南部区系是最先最早升起的最光亮地带。巴蜀文化西南部区系是继后升起的又一神秘光亮的地带。巴人蜀人文化的开源是从距今8000年至6000年前天水伏羲氏为祖源标志的古羌人陇右区迁来形成的。巴蜀文明的正式形成，则是5000年前五帝时代黄帝子孙直系昌意、颛顼的高阳氏族群与土著蜀山氏族群结成姻亲联盟共同创造的，故陇蜀文化是巴蜀文明的源头，秦陇关中河洛的中原文化是直接孕育诞生巴蜀文化的母体。作为中华文化总根系中的直根系，巴蜀古文化既是中原古陇蜀文化的组成部分，又是西南部“环洞庭湖和四川盆地古文化”的组成部分。

它们之间的关系是互相兼容和融合，“中原影响各地，各地也影响中原”（苏秉琦先生语），其文化面貌是你中有我，我中有你，形成连续发展不间断的不同阶段新的文化群体，既有个性，又有共性，不断把中华民族共同体大一统的文化基因植根在巴蜀人的心里。

第三，三星堆、金沙与中华古礼乐文明的关系。

前面我们着重强调介绍了殷墟中原文明礼乐器对三星堆文明的引领和影响，这里，我们更要补充说明：中华礼乐文明不是中原文化区系一个地域起源和形成的，而是以中原礼乐为主体，多地域区系互学互鉴、互兼互融的一体化进程，形成中华文明绵延数千年独特价值体系的历史文脉。中原礼乐器的来源，是东部、东南部、北部、西南部几大区系与中原区系互相影响、互相融合来的，其中包含着巴蜀文化群体的贡献。

例如，六七千年前中华礼器、祭器最早的来源是尖底瓶陶器，它就来源于各地域，既有中原仰韶文化姜寨遗址地区的，也有楚文化地区的。它在三星堆地区也“出现早，是巴蜀文化的根”（苏秉琦先生语）。尖底瓶后来变成殷商甲骨文中的“酉”形器，酉又衍变出鬲、斝，这就是甲骨文中的“丙”字。“酉、丙”在殷商人和三星堆人的意识里，就逐步由器物演变为信仰意

1

2

1.20 世纪 90 年代九顶山出土的夔龙纹鼎 摄影 / 吕玲珑
2.20 世纪 90 年代九顶山出土的铜鸟 摄影 / 吕玲珑

识天干地支中的两个标识符号。这个由礼乐器物变礼乐信仰，由社会存在到社会意识的反映与演化过程，就包含着古蜀文明三星堆人、金沙人的贡献。

又如，流行于各地区的鼎、豆、壶组合的礼器、祭器，就源于距今七千年前的马家浜文化和大汶口文化。四五千年前巴蜀古文化区、内蒙河曲地区也有渊源性贡献，先后出现小口尖底瓶与尖底腹斝，再衍生为陶鬲。这类陶器已脱离了日常生活器具范围，变成巫觋类神职人员专用的特异祭神器。它们是青铜文明时代鼎、尊、簋、簠类礼器的来源。这些礼器是中华礼乐文明的象征。到三星堆青铜时代，不仅三星堆有多类青铜尊，而且巴人聚居的三峡区域巫山县、开县都出土有三千多年前与三星堆同样的青铜尊。这样看来三星堆出现众多青铜簋、簠、尊和顶尊跪坐人像也就不奇怪了，它是中原青铜礼乐文明在多地域多样化基础上一体化的产物。

2. 三星堆、金沙与古蜀王都的形成与迁徙

（1）三星堆文化与古蜀杜宇方国王都的形成

三星堆遗址共分四期。一、二期属于新石器时代晚期距今 4500 年的宝墩文化时期。三、四期则进入古蜀青铜文明时代，距今 3800 年至 3200 年。三星堆古城面积达 3.5 平方千米，由外城包围着若干个内小城组成。南城墙长约 2000 米，东西城墙长约 1800 米，北面则以鸭子河河岸作城垣。

大约在距今 3700 年左右，三星堆文化的第三期青铜冶铸业与玉石器作坊加工业的出现，昭示着距今 3000 年前西蜀中心聚邑文化，包括成都都邑文化已达到古蜀文化早期发展历程的鼎盛阶段，形成了古蜀王都。

三星堆文化时期，蜀人日常生活中使用的陶器与宝墩文化时期已有大的区别，主要使用小平底罐和带圈足高柄豆类的陶器。它同中原文明的源头夏代二里头文化有亲密的同源异流关系，其主要特征是同属灰陶文化谱系，这是既不同于仰韶彩陶文化区系，又不同于龙山文化区系的另一种川西平原上自成序列的一支新文化，是“自成一系的古蜀文明区系”。

三星堆文化时期城市发展，已由宝墩文化时期多座中心聚落并存的格局，发展为当时最大的古蜀王国都邑独领风骚，而众多群邑村落则成为王都附属的格局。三星堆古城面积约 6 平方千米，是当时最大的古城，最近考古发现该古城内的水道已直通城门，舟船通行，由水门进出，这是很奇特的地方。该古城聚集了比宝墩文化时期更多的人口，人群组成也更为复杂。单靠血缘关系产生的凝聚力已不能维系社会的平衡，需要更为复杂的社会管理，因而出现了严格的社会等级分工与权贵阶级统治，出现了强有力的城市权力机构。

奇诡怪异的青铜纵目人面具、兽面具、各种凤鸟形象、人面鸟身像、人身鸟足像、青铜立人像、神殿及各式玉璋、玉器和大量象牙，表明他们的信仰和祭礼活动背后蜀人精神生活方式的特异性。从城市形成所要求的“磁体功能”和“容器功能”看，三星堆古城已经是不同时期、不同社会经济形态和文化特征的各支蜀文化的“吸附器”和“兼容器”。

在三星堆，有可同“蚕丛纵目”的文献记载相印证的考古发现——以青铜纵目人面具为特征的蚕丛时代采集狩猎文化的遗留，有以鱼鹰鸬鹚捕鱼形象为代表的鱼凫时代渔猎文化的遗风，也有以鹰头杜鹃形象为代表的杜宇时代农业凤鸟文化的遗韵。有趣的是，蚕丛、鱼凫、杜宇这些蜀王的称谓，刚好是不同经济生活时代的形象化说明。蚕丛，根据文献研究最初是食“葵中蚕”的部族，应过着采集游猎经济生活。鱼凫是鱼鹰（即鸬鹚），应是过着渔猎经济生活的部族。杜宇又称“土主”或“杜主”，教巴蜀民农耕，是过着耒耜农业定居经济生活的部族。这些不同经济生活的部族都生活在三星堆文化的一至四期，或互相征服和服从于一个共主统治，或互相承袭和交流融合。所以，三星堆文化是历代不同蜀王文化最早汇集的结穴处的文脉显现，是历代以蜀王为代表的不同经济文化发展阶段的各部族、族群互相交流、互相征服，不同文化互相激荡兼容，形成多样习俗文化的结果。

（2）以金沙为文化标识的十二桥文化与古蜀杜宇方国王都的迁徙发展

广汉三星堆文化衰落以后，继之而起的是今日成都市区范围内的十二桥文化，其代表性遗存是十二桥遗址的殷末周初干栏式木结构建筑，表明成都是古老的巴蜀巢居文化氏族的起源地。市区西北的金沙村遗址，是 2001 年全国十大考古新发现之一。该遗址的文化性质和内涵属于十二桥文化。金沙祭祀区起止年代为距今 4000 年至 2500 年。与三星堆遗址并存，年代差不多，但它只是一般聚落，而三星堆是中心聚落，金沙是服从于三星堆方国聚落的。金沙进入青铜时代也晚于三星堆，距今 3400 年至 2800 年，相当于殷墟晚期至西周初期，分布于古磨底河两岸 4 平方千米范围内，是一处大型古蜀文化祭祀中心遗址，表明这一地带是重要的古蜀王都所在地。如果说广汉三星堆遗址是相当于中原殷商中期和晚期的古蜀方国都邑，那么，成都金沙遗址则是商代晚期至西周早期的古蜀方国都邑，二者在文化内涵上有一致和相续的关系，很可能三星堆都城废弃以后，即迁来金沙，以此作为都城。失落的三星堆古城，终于因金沙遗址的发现而在成都平原的腹心找到了下落。

根据上述渊源，现在考古学界、历史学界统一了认识，一致称为“三星堆—金沙文化”。（这个概念最先由颜劲松同志提出）

金沙遗址出土的四节玉琮

摄影 / 李绪成

金沙遗址方圆4平方千米范围内，分布着大大小小的不相连属的宫殿区、普通居住区、墓葬区以及中心祭祀活动区，先后有2000多件玉器、石璧、青铜器、金器和成吨象牙以及大量卜甲出土。其中“太阳神鸟”金箔，中间有12个旋转齿状光芒，象征太阳运转一年十二月。周围四只镂空神鸟，每只鸟有三足，这是“日中有三足乌”神话传说的最早的实物证明。“太阳神鸟”又可称为“四凤朝阳”，是古蜀人一种特异的太阳神崇拜。“日中有三足乌”见于《淮南子》的记载，这是华夏民族崇拜太阳的形象，它的起源很早，在7000年前河姆渡文化的陶器上已有双鸟负日的形象，但鸟形在日形之外。把金乌放在太阳中，有四只金乌在太阳内飞翔，这种形象最早就是这里的太阳神鸟。到汉代画像砖伏羲氏怀中抱着这种“日中有三足乌”的形象就很普遍了。

金沙遗址的“太阳神鸟”证明成都是华夏日神崇拜的金乌系统的起源地，应该成为成都城市形象的标志。所以，在2003年，经四川省历史学会的建议，“太阳神鸟”这一标志最先在城南立交桥上架设起来，还在多种公众场合得到广泛的推广和应用；2005年，已由国家文物局确定为“中国文化遗产标志”。在金沙遗址内，还出土有蟾蜍形金箔，这是月神崇拜的实物证明。《淮南子》和《论衡》均有“月中有兔、蟾蜍”的记载。月中究竟是先有兔的传说，还是先有蟾蜍的传说，千百年来学者们争论不休，闻一多先生还为此写了专文，但没有定论。现在，三星堆和金沙遗址有蟾蜍形象而绝无玉兔形象，说明以蟾蜍为月神象征的传说早于玉兔，玉兔传说是秦汉时代才产生的。它说明西蜀是华夏民族“月中有蟾蜍”的蟾蜍传说最早的起源地。

在多种玉器中，玉琮则与长江下游的良渚文化相同，还有些玉戚，近似于二里头文化和商文化，大量玉牙璋与二里头文化相近，又与三星堆文化相同。总之，从文化内涵看，金沙遗址是继三星堆遗址之后，古蜀国面积最大的都城，是杜宇帝后期直至开明帝的古蜀王国都城，也是成都古少城的前身。后来的成都古城（大城、少城）就是以金沙遗址为始源地逐步推移和扩展起来的，形成成都古城三千年来城址有扩展盈缩而无迁徙的特征。

3. 三星堆—金沙文化对中华民族命运共同体的杰出贡献

中原文化与南方文化的内涵各有其独特性。中原文化重礼治重礼器，南方文化重神巫重神器。南方长江流域再细分：楚重巫，巴重鬼，蜀重仙。楚文化的代表是《楚辞》，追求天问奥秘，不师故辙。巴文化的代表是丰都的“平都山鬼神六天”，“其俗信鬼”。“鬼”字是大头人形象，表明巴人祖先是大头聪明人形象，古称“鬼方”，从而兴起了崇鬼尚灵的文化。蜀文化重仙，“蜀人多尚鬼道神仙”（《历代高僧传》828页），其代表是《大人赋》（司马相如），“言神仙之事”（晋代葛洪评语），“仙仙有凌云之气”（《论衡·遣告》）。

楚、巴、蜀三地相比较，在追求浪漫梦幻、神怪想象这一点上是相同的，都属于浪漫发散型的球形思维。但在思维定式的侧重点上则各有不同。它们是几种地域不同的文化想象力与创意力的体现，由此而将巴蜀文化与其他地域文化区别开来。蜀王仙化的传说很早，蚕丛、柏濩、鱼凫“此三代各数百岁，皆神化不死，其民亦颇随王化去”。（扬雄《蜀王本纪》）杜宇魂化杜鹃，开明上天为开明兽，都是仙化。其考古之源可溯至三星堆遗址的人面鸟身像、人身鸟足像和金沙遗址的太阳神鸟形象，这是蜀人最初羽化成仙的想象力的起源处，后来在东汉末张陵于蜀中创立道教，其内涵和形象皆传承自古蜀仙道，《羽化飞仙经》的羽人形象成为道教核心信仰内涵。

由此可见蜀人的文化创造力多用在仙化和幻化方面。用今天的术语讲，就叫作蜀人多浪漫主义，多球形思维，想象力丰富。

金沙遗址“太阳神鸟”金箔是蜀人独特的太阳神崇拜形象，是蜀人文化想象力和创造力为中华民族独特智慧贡献的标志性文化符号。世界上原始民族的太阳神崇拜有三大系统：一是十字架、十字放射性的光纹及其变形图案以及日神纹画系统，二是人面绕光芒、人身太阳神、人身射日系统，三是神鸟与金乌系统。“日中有三足乌”是华夏民族的传说。金沙太阳神鸟金箔有四只飞旋的鸟，每只鸟一脚有三爪。这是华夏太阳金乌的典型代表。它来源于6000年前河姆渡遗址陶器上双鸟在太阳外抱日的纹饰，金沙神鸟进了一步，是在太阳之中。

这种形象数金沙太阳神鸟最早。因此，我们可以断定，成都是华夏民族日神崇拜的金乌形象系统的起源地，在世界文明史上占有独特的地位，是成都金沙古城的祖先对中国和世界的太阳神与月魄神信仰形象的首创性贡献。

在金沙遗址内，还出土有蟾蜍形金箔，这是月神崇拜的实证。如此看来，若把古蜀人崇拜的太阳神鸟与月神蟾蜍相结合，则标志着成都是华夏民族日月神崇拜特殊形象的起源地，这应该是有世界意义的成都特征，是成都城市特殊美的象征。

这里需要对如何解读古蜀文明，说一点个人的粗见。我向来不同意“三

2

1.三星堆遗址考古发掘现场3号“祭祀坑”内出土的青铜器和象牙 摄影/江聪

2.三星堆2号坑出土的青铜鹰头杜鹃像 摄影/江聪

3.三星堆3号坑出土的青铜神坛（局部） 摄影/江聪

3

星堆文化西来说”，也不同意“神权国家说”。

古巴蜀文明，无论是古蜀文化，还是古巴文化，都是本土生长起来的，不是西洋文明影响下产生的文化，更不是中亚西亚、巴比伦、苏美尔文化。

古巴人与古蜀人很早就与中原地区有“最广泛的文化认同”，中原文化的凝聚力和向心力使神奇瑰丽的巴蜀文化向它靠拢和礼敬。

巴蜀人对自身文化的来源就有认同中原的自己独特的文化解读：“蜀之为国，肇于人皇，与巴同囿”。正如李学勤先生所说：“蜀文化的源头，可以上溯到5000年前，甚至肇于人皇，殊未可知。”也就是说，早在“人皇”时代，也就是新石器时代早期万年文化史时代，“人皇”统治的“九囿区域”，巴人和蜀人就是相处于同一“囿”区域的两兄弟，是在中原“人皇”的引领下，由各自分立发展到交融发展，在各自集体文化性格相斥相成、互补互融的漫长过程中，实现了“最广泛的文化认同”，形成了巴蜀文化共同体，这个共同体以自己的特异性和牢固性，成为中华民族文化区域的“亚文化”中的巴蜀文化圈。

到新石器时代晚期五千年文明史时代，古巴文明的源头距今4600年前在峡江和峡西形成的哨棚嘴褐陶文化体系，古蜀文明的源头距今4500年前在成都平原形成的宝墩灰陶文化体系，与中原先夏二里头灰陶文化体系、鄂西石家河文化体系，各自发展。到三峡和陕西，互相交流、融合、催生着新质文明的古巴蜀文明共同体，已发展到古城文明诞生的时代。在这个基础上发展起来的广汉三星堆文化和成都金沙遗址为标志的十二桥文化，蜀地三星堆—金沙文化，以及巴地的罗家坝文化、城坝文化，昭示着殷周时代古巴蜀青铜文明的神怪独特、不同凡响和玉器文明的神圣瑰丽、独放异彩。成都商业街战国船棺葬和新都马家大墓的发现，证实了杜宇、开明二帝部族的存在不再是子虚乌有。巴蜀青铜文明发展史证明巴蜀文化已由古城发展到了古国和古方国时代，进入组成帝国的前夜。如果不是秦国灭巴蜀，成就了秦国完成统一帝国的大业，那么巴蜀自身也许就会不是虚有帝号而是名副其实地成为帝国了。

古蜀国传说五祖从蚕丛、柏灌、鱼凫到杜宇、开明，这些不同时代的蜀王部族的生息和发展，就植根在考古发现的这些深厚的文化土壤之上。三星堆和金沙就是黄河第一湾和长江上游文明发展的中心和生长点。

以上历史与考古两大方面，还不能说三星堆、金沙是土生土长的文明吗？

一个简单的道理：例如，不能说我这里有一个金杖，埃及法老有一个权杖，那我们这里的金杖就是权杖，就是埃及传来的。我们在所有的中国文献里面，查不到金杖就是权杖的例子——老祖宗从来没有这个说法。

权杖代表神权，这一说法比较流行，但这是西方文化体系内的观念，不是中华民族文化体系内的观念。西方文化就是由神权信仰演变为神权国家，政教合一，教会第一，宗教第一，第二等级才是国王。如古印度四大种姓中，第一等级是神权婆罗门，第二等级才是国王刹帝利。埃及法老就是国王。这是西方文化，不是中国文化。

三星堆这个金杖，翻遍典籍，说的是作为德高望重之人一种崇高地位的象征，如老年人都拄着手杖。甲骨文、金文的“老”字，就是拄着手杖的老人，“老”字来源于“寿”。“寿”字，是青铜器模具倒入铜汁水如寿形的形象，“铸”“涛”等字，皆“寿”字的孳乳。掌握青铜铸器技术的工匠，只有年龄越老经验才越多、越丰富，故只有青铜器冶铸高超技艺的大国老工匠，才能尊称为“寿”“老”。所以中国从来就敬老。敬老习俗里的手杖，包括叫花子帮主的打狗棒，就是这样开始的。

所以，这个金杖肯定不是代表神授政权的权杖，中国也从来不存在一个政教合一的神权国家。中国历史上阶级社会全部宗法思想制度的政权结构有四权——“政权、族权、神权、夫权”，其中政权“是一切权力的基干”，是第一位的。而其中的神权，从来未超过君权，统治者会利用神权，但绝不允许巫觋超过皇帝。殷商的国王绝不是巫觋，巫觋是掌握甲骨文字的知识精英，而殷王是不需要掌握甲骨文的。这个传统延续下来，因此古代阶级社会从来就是皇权第一，中央集权制度第一。

蜀锦花楼机 摄影 / 李绪成

我们始终是中央集权的国家，而从来不是一个宗教神权的国家，中国从无此传统，我们讲三星堆，就要以这个观念来观照。

通过发掘五千年前的红山文化、良渚文化的墓葬，发现祭司神职人员与军事首领已经分开，有的还有专用的锛斧钺“工匠”墓，表明社会分工已出现，神权与军权并未合一。从中华国家文明起源与社会分化开始，从来就没有神权与君权合一的现象。三星堆方国距离五帝时蜀人高阳氏颛顼实行“绝地天通”，祭天的神权与掌握地上社会治理的政权二者开始分离的改革时代已经是千年以上了，又同在蜀地，怎么会变成神权国家呢？其古方国制度应当是君王权与祭司权分立的，这才是三星堆文化的性质。

说到三星堆—金沙文化对中华民族文明的突出贡献，除了上述华夏日、月神信仰形象之外，最鲜明的闪光点还有如下五方面。

一是三星堆—金沙文化对中华独有的丝绸文明的贡献。

三星堆丝绸灰烬蛋白物以及青铜器、金器外包装用的丝绸痕迹，显示出当时丝绸已是用织机以经纬交织方法织出来的平纹丝绸。它上承五帝时期蜀国丝绸文明发明的薪火，下启汉代蜀锦蜀绣文脉的延伸和发展。成都老官山汉墓发掘出的提花织机技术晚于三星堆上千年，二者是直接继承关系。

三星堆丝绸是从轩辕氏黄帝嫘祖的丝绸纺织技术传下来的。嫘祖是中华缫丝织绸技术发明的始祖。她派其子昌意、其孙高阳氏颛顼一族，与土著蜀山氏世代联姻，自然带来丝绸技术。而蜀山氏又会栽桑养蚕，善于提供蚕丝原料。这两种技术相结合，遂在蜀山发明了丝绸。这就是巴蜀五千年丝绸起源发明、薪火传承、转化转型不间断的文脉。它证明四川是中华丝绸文明多个起源地中一个重要的摇篮。

中国是世界上唯一具有丝绸文明起源的国家。栽桑养蚕是蜀山氏的特点，后来就集中在蚕丛身上。他是栽桑养蚕技术最高明的代表，故就尊他为蜀王，并代代相传，王号皆为“蚕丛”。“蚕丛”二字，可以从甲骨文中考证出来。甲骨文的“蜀”字有两种写法：一种是单个的蚕形，其义是原始部族食用的蛞蝓野蚕。另一种写法是一个大眼睛在上，下视三至五根丛聚在一起的蚕，这是代表家养丛聚抽丝的家蚕，这就是丝绸时代蜀部族“蚕丛”氏的标识性符号，蚕丛王的名字也就是这么来的。

二是三星堆、金沙文物遗产的龙文化，是中华民族作为龙的传人精神的闪亮标志，是对炎黄华夏“中华龙，民族魂”传统的伟大贡献。它的文脉的根在中原，祖源在“早期文化中国”河洛古国。

三星堆、金沙文物继承了中原龙的形象，体现在各种类型的青铜器上。

最突出的是三星堆 1 号大型青铜神树上的中原龙形象。它挺立在似昆仑三丘相连，由云气纹和太阳纹环绕的青铜神树底座上。龙头方正庄严，是殷周中原龙特有的形象。该青铜树是殷墟中晚期（公元前 1300 年—公元前 1200 年）蜀人制作的，其形象表明蜀人对殷墟中原龙的崇拜和认同。

另有羊头龙青铜柱形器，龙头上有一对大羊角，下撮“山羊胡须”。这是三星堆人的祖先牧羊古羌人的形象。它表明三星堆人既是中原龙的传人，又是用古蜀人牧羊信仰原动力和奇幻仙化想象力对中原龙形象加以转化创新。这种龙形象的变革创新文脉，历代在巴蜀薪火传承，宋代泸州的龙脑桥、龙洞桥、永济桥、顺对桥、和尚滩桥等诸多龙形象的多元化，就是这样传下来的。在泸州、叙永、长寿等地与广安安丙墓中石刻的龙形象中还可以惊奇发现，龙首与龙颈是可以自由扭曲的，与中原龙头的方正庄严迥然不同。直到明清时代巴蜀地域的“非遗”传承，各种火龙、水龙、雨坛龙的龙舞，自由活泼，翻滚跳跃，似风云巨龙，又似伏地小蚁，体现了龙的变化，天地翱翔，大小自如的主体精神，可以明显地感受到明清巴蜀“非遗”龙文化，就是三星堆龙文脉传下来的，都贯穿着三星堆、金沙人作为中华龙的传人的转化创新精神，这是巴蜀文化对中华龙的传人精神文脉的神奇神秘的杰出地域贡献。

中原龙的龙纹、龙饰图案还普遍浸润在三星堆、金沙各种文物上。如：三星堆青铜大立人像基座与平台之间是四龙相连，其衣饰上亦有龙纹；青铜神殿盝顶有镂空龙纹；青铜罍上有象鼻夔龙纹、青铜圆尊上有饕餮龙纹；青铜纵目人像额头上有勾云纹龙饰；此外，还另有单体青铜龙和龙头上站立着青铜鸟的青铜龙，以及青铜龙虎圆尊。金沙遗址也出土有大型青铜龙首形器。

总之，从龙形到龙饰的丰富多彩，表明三星堆人和金沙人从祭祀信仰，到日常生活都浸润着中原龙的礼乐教养，又喜爱烟火气象的多元龙文化生活美学境界。

进一步探索，三星堆、金沙文物中的龙形象，虽然主要是承袭中原，其实不止于此。它的龙脉可远溯至中国新石器时代距今 8000 年至 5000 年前诸地域文化区系出现的多源化、多样化的龙形象。例如，红山文化距今 8000 年前辽宁查海遗址卵石摆龙、距今 6000 年前内蒙小山遗址陶尊龙形纹饰、河南濮阳西水坡的蚌塑龙、宝鸡北首岭仰韶彩陶器的鸟鱼龙纹、甘肃甘谷蜕龙等等。至于玉石制造的龙形象也多，如红山文化的玉猪龙、玉熊龙以及玉龙璜，安徽含山凌家滩、内蒙古三星他拉村的玉龙。再如良渚文化最著名的玉龙、殷墟妇好墓玉雕龙。这些陶器、玉器的龙文化，都是三星堆、金沙玉石龙形象的来源。至于夏殷青铜器众多龙形象以及龙纹饰，更是三星堆人、金沙人创造龙形象“驰骛乎”兼容并包的来源。

三是三星堆—金沙文化对华夏民族“龙凤和鸣”精神的特殊贡献。请注意，三星堆文物中最多的是两种文化形象，一是龙崇拜形象，另一种是凤鸟仙鸟崇拜形象。两种形象千姿百态地呈现在三星堆、金沙的金箔、青铜器、玉石器中，甚至明显地呈现龙凤融为一体的发展趋势。例如，青铜神树上是龙飞凤舞拥合在同一树中。巨大的青铜大立人像的华服冠冕上有龙纹和凤鸟纹交织在一起。青铜纵目人巨型面具额头上竖着高高的勾云翼，其图案酷似勾云龙与仙鸟仰头和谐相处，展现出云从龙、龙凤和谐升天的景象。3 号坑新发现的金箔展翅凤鸟，卓然独立，奇瑰怪丽，而众多的青铜鸟则似环绕金凤凰与巨头龙的大小众鸟。这些形象图案生动地反映了三星堆人意识中向往的龙凤和谐、百鸟齐鸣的美好境界。

三星堆龙凤和谐的意识来源于由鱼龙水部族与凤鸟羽部族长期结合组成的古蜀邦国联盟。巴人的祖先太昊伏羲氏“以龙名官”。巴蜀又是黄帝族子孙昌意、颛顼的直根系，黄帝“以云名官”，云和龙结合，所以巴人蜀人是中原“云从龙”图腾崇拜信仰的直根系。颛顼孙子大禹兴于西蜀，是崇拜黄龙的水部族。殷商是“玄鸟”崇拜的羽部族。蜀山氏以昆仑凤凰为图腾崇拜，它奉献给殷周朝廷的珍宝是“比翼鸟”和“文翰鸟”。古蜀五祖又是以仙鸟崇拜为标识的古蜀神仙道的创立者和传承者。诸多鱼龙水族与凤鸟羽族长期生活在一起，姻亲相娅在一起，“龙凤崇拜”自然成为巴蜀人的信仰。“龙凤呈祥”观念自然成为巴蜀人融入和认同华夏民族的最大特征。

有趣的是，三星堆还出土有两件青铜蛇，金沙还出土过一件如蟒的石蛇，猜想应是“小龙”形象，至今生肖习俗中仍尊呼蛇年为“小龙年”。

总之，有充分依据说明三星堆、金沙是殷商至西周早期中原龙文化与本土巴蜀凤鸟文化结合的一个发生地，是华夏民族“龙凤呈祥”和谐吉祥美学文化产生的一个重要标识地。

四是三星堆—金沙文化信仰崇拜的精神境界在中原礼乐文明引领下有新的提升，出现仰望星空、向往日月的浪漫梦想和羽化登仙的创新想象，是巴蜀人对“胸怀磊落贮千古，身化羽仙追光明”的华夏民族超凡的文化想象力和超俗的浪漫梦想力的独特奉献。巴蜀是神仙道文化最先创立的“仙源故乡”。

前已论及，三星堆、金沙各种仙鸟形象是祖先的化身，祖先就是道藏《羽化飞天经》中的“上古之法”讲的“人鸟”，它奔向日月，就是古蜀神仙道思想的核心。三星堆、金沙文物中飞鸟变人鸟，又成仙人的想象思维，有九个发展过程。

第一步，飞鸟崇拜，特别是崇拜羽翅。单体青铜鸟和青铜羽翅饰件有数百件之多，连 E 形玉璋头上也有飞鸟形象。

第二步，崇拜的不是一般的鸟，而是古蜀杜宇的化身“鹰头杜鹃”，这是“望帝春心托杜鹃”的杜宇帝魂化鹃鸟的形象。

第三步，崇拜鸟神树，上有九枝九鸟。特别是 3 号坑新发现的如凤鸟展五尾翅的金箔鸟，与商代“凤母觯”甲骨文和西周“中方鼎”金文的“凤”字完全同形，实物与文字共同印证华夏凤鸟崇拜，也是蜀的信仰。

第四步，人长翅膀，“肉身能飞，其翔似鸟”，“总号人鸟”（《玄览人鸟山经图》，明正统道藏内府刊本），这就出现了青铜神树花枝上立着的人面鸟身像。特别是单体的青铜“大象鼻头冠”人面像的冠顶上还长着两个翅膀，这便令人想起“一人得道，鸡犬升天”的笑话，连人骑的大象也长翅膀，跟着升天了。

第五步，三星堆青铜纵目人面像的额头上，一个巨型卡通类的仙鸟与神龙形组成的勾云翼飞升图像，可猜想这是古蜀人幻想“灵魂出窍”，从人脑囟门正中部位（俗称“天灵盖”），魂魄化出人体，在勾云烟气缭绕中，幻化成为神仙翼鸟。它生在纵目人的额头上，正是古蜀第一代王蚕丛纵目“得仙”（《蜀王本纪》）的象征性标识。

三星堆考古记录：

1929年2月，住在广汉太平乡（现名南兴镇）月亮湾的燕道诚在自己家门口挖水沟，意外发现一坑玉石器……

1986年7月18日下午5点左右，考古人员发现1号祭祀坑，1986年7月21日上午8点在三星堆遗址的第二发掘区展开了正式的发掘……

1986年8月14日，考古人员发现2号祭祀坑……

2021年，三星堆考古再次震惊世人。历时5个多月的发掘，三星堆遗址祭祀区新一轮考古发掘阶段性成果重磅揭晓……

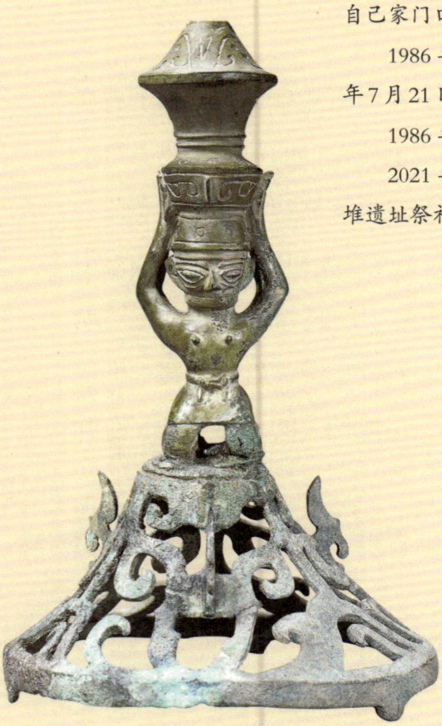

三星堆出土的文物：顶尊跪坐人像，头顶一件青铜尊，上身赤裸，腰下系一件短裙，双膝跪在一座“神山”座子上。座子直径10厘米、通高15.6厘米。

三星堆出土的文物：小跪坐人像，半圆雕，头戴冠，身着对襟服，腰束带两周，双手放腰下，双膝跪坐。宽5.9厘米、通高12厘米。

三星堆遗址五号祭祀坑内出土的金面罩

三星堆出土的文物：铜鸟，鸟冠及尾羽残断，大眼尖喙。此鸟原是青铜神树上的鸟。宽 15.4 厘米、高 27.8 厘米。

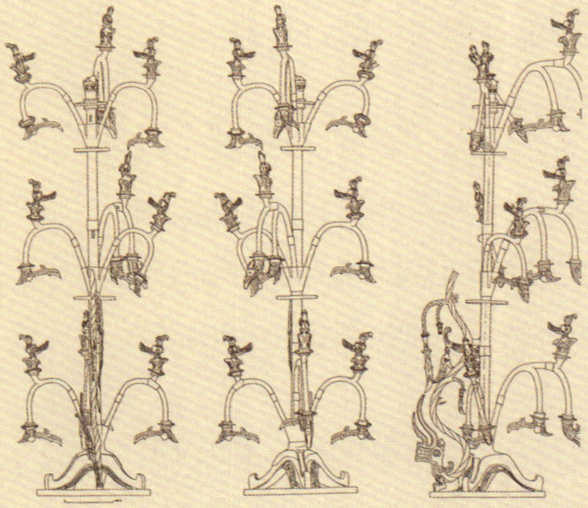

三星堆出土的文物：大铜树，树残高 396 厘米，由树座、树干、三层树枝及九只鸟和一条龙组成。

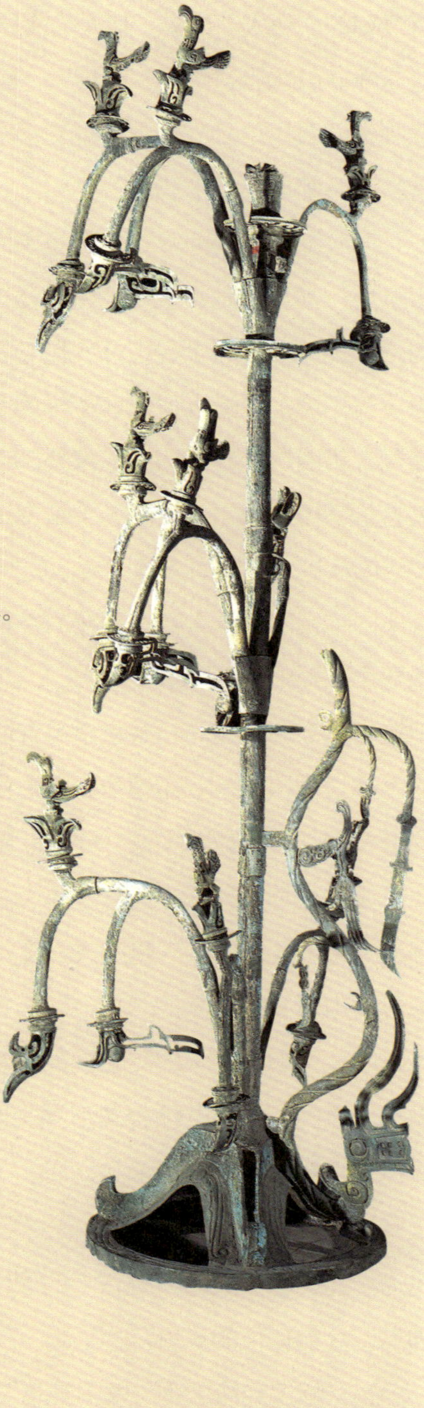

图片来源 / 江聪

第六步，顺理成章，变成“羽人”，飞仙上天。金沙出土的十节玉琮上有线刻的“羽人”形象，其人的两只水袖上长着两个翅膀，头顶着大羽毛冠。这是3000年前最早的“羽人”，是古蜀人羽化飞仙思想最早的渊源。到汉代画像砖石里这种羽人形象就更多了，伏羲女娲交尾画像石，两人均长着翅膀，源头都在三星堆和金沙。

第七步，青铜神坛，可以想象为仙乡仙居“天府”的象征。该神坛分四层意境，其含义是：长翅飞翔的怪兽（第一层），托起四个蜀武士站立守卫的蜀大地（第二层），上升到昆仑三丘的仙山，也许还可猜想其中就隐含神树（第三层），进入似天府一样的盝顶神殿，而盝顶四隅各有一只飞鸟自由翱翔（第四层）。这四层意境叠加起来，正说明“天地写空中之书，以附人鸟之体”（《羽化飞天经》）是古蜀神仙道理念的文化内涵。

第八步，想象羽人有“大哉乾元”的磅礴定力，有尊鼎礼乐的文明风范，有飞向宇宙、探索大自然奥秘的神秘莫测。例如，2021年出土的三星堆青铜顶尊反躬举鹰飞翔人像，最令人惊奇。该人像是由2号、3号、8号三个祭祀坑中出土的断裂的三截重新组合而成的复合像。一纵目人头顶中原青铜尊，双手撑立于（昆仑）三丘座上，穿短裙反躬翻转曲身，双足举着双鹰飞翔登天。这个青铜圆雕主体艺术像，可谓世界绝无仅有，把蜀人祖先纵目、杜鹃崇拜、飞天成仙、尊鼎礼乐等观念全部表达出来了。

由此可以探知，三星堆人、金沙人既重礼又重仙，有高超实践操作本事把殷墟中原礼教礼乐的“庄严”与古蜀神仙道的“浪漫”巧妙和谐相融；把高贵的“早期文化中国”认同的神圣理想信仰同华丽的青铜冶炼工匠宗师的世界绝伦的圆雕技艺结合转型并实现创新性发展。其非常创意精神和技艺，实应为当今时代人所继承和发展。

第九步，这些羽人向哪里飞去了？飞进太阳里去了，融入火热，融入光明，化为金乌神鸟，成为华夏古老的太阳神崇拜的永恒象征。这就是金沙“太阳神鸟”金箔体现的意象。

怎么解读金沙这个“太阳神鸟”背后蜀人的意识，至今还是无确论的谜。

1

2

1.太阳神鸟 摄影/李绪成
2.金沙青铜鸟 摄影/李绪成
3.金璋形箔饰，器身呈长条形，两侧直射前部，由后向前渐宽出，前端有叉形刃。鸱部呈钝角形，角端有一圆穿 摄影/李绪成
4. 青铜眼形器 摄影 / 李绪成

3

4

试看神鸟飞翔在太阳光圈内，外圆圈与三星堆、金沙的许多铜轮形太阳符号相似。内圈有十二条光芒，或是十二月的象征。神鸟四只，也许是古人心中的四季。它与十二光芒逆向飞行，也许是天文黄道十二月的轨迹。神鸟形象实是一长腿有三爪，是“日中有三足乌”（《淮南子》）的象征，这是古老华夏太阳神崇拜的典型形象，是金沙人对传统华夏太阳金乌崇拜的创新性转型和发展。

上述考古发现与文献记载互相对应，若合符契。三星堆所在鸭子河、马牧河区域均属湔江，它的上游即彭州“九陇天彭阙”和白鹿山“白鹿洞”，是古蜀人成仙魂畈的祖源地，是古蜀人由陇右迁营盘山，再迁九陇山，直到桂圆桥、三星堆的基本文脉轨迹。三星堆仙化文脉传承的就是这个轨迹。三星堆人仙化轨迹向下发展，表现在汉代画像砖中就有伏羲氏肚子上一只三足金乌的形象。至于汉代成都仙人成仙的传说，如升仙山、升仙水、升仙桥，张柏子骑赤虎升仙等故事，也多发生在大三星堆区域。

根据文献记载，古蜀王蚕丛、柏灌、鱼凫三代均“得仙”，“后皆仙去”。杜宇魂化仙鸟杜鹃。开明升仙上天，成为“昆仑之墟”镇守“天门”的开明兽。不仅蜀王“皆神化不死”，就是他们的部族“其民亦颇随王化去”，跟着上天成仙。三星堆、金沙均属岷山古昆仑区域，后来就成为道教“昆仑真宫仙灵”仙宗。

考古发现与历史文献记载完全契合，由此可见，三星堆、金沙是杜宇方国古蜀仙道广泛传播的真实载体，是古蜀人仙化想象力的真实代表。杜宇部族“化民”则是第一代具有仙化想象力的蜀人。

三星堆玉蟾蜍和金沙金箔蟾蜍，是“日者天之魂，月者地之魄”的月亮神崇拜。它证实了“都广之野”是日月神特殊形象崇拜的起源地。

总之，仙道思想反映出古蜀人仰望浩瀚无垠的星空，已由面向万千气象的“自然宇宙”的现实印象境界，提升到对“文化宇宙”无限想象探索意识的心灵感应境界。他们对宇宙大自然神秘莫测的文化想象与探索，是对中华民族，也是对人类文化信仰原动力和人类文明初始想象力的杰出贡献。它的永恒魅力已在今天海内外旅游中形成热潮，也必将成为最高美学境界追求索解的心灵享受。

五是三星堆人独特的母系文明“姐”神崇拜。

三星堆 2 号坑出土一件顶尊跪坐女神像，胸部裸露，突出双乳，这与欧洲生殖女神“奶拏”和中国辽西牛河梁红山文化女神庙的女神均张大其乳是相类的。在众多青铜面具和人像中，也可看出类似女性装饰的插笄、束发、高髻、长辫、穿裙裾、戴玉胜、戴菱形耳坠等形象，颇似女性特征。再看四川彭山县和乐山出土的东汉崖墓画像石绘有男女裸体接吻拥抱形象，由此可见，从 3000 年前三星堆到 2000 年前东汉四川地区的画像石，既有男性“祖”神，也有女性“妣”神，这种远古流传下来的高禖祭祀习俗在巴蜀地域延续久，分布广。特别是妣神崇拜是一脉相承的。

祭祀女性祖先，是母系社会遗留的习俗。在殷周甲骨文、金文中，男性祖先称为“祖”，女性则用“妣”。西蜀地区则不同，创造出一个“姐”字代表女性祖先。《说文解字》说“蜀谓母曰姐”，《广韵》进一步认为是“羌人呼母”为“姐”。三星堆女神像正表示古蜀古羌人同时并存“祖”和“姐”两种男女神崇拜。

先师徐中舒说：蜀中母系社会产生文明，传承长久，故该区域从先秦到唐代一直有“女国”分布和传承，这是巴蜀文化的大特征。“禹学于西王国”，西王国就是西王母女国，又称为“女和月母之国”，起源于岷山。夏的大禹、西周的周穆王都曾到西王母国拜师学习。古羌人建立了许多女国，直到唐代还有“东女”国、“苏毗”女国存在。川滇之间的泸沽湖纳西族摩梭人实行望门居的阿肖婚，是“东女”国后裔遗存的习俗。

妣神崇拜，著名蜀中考古与道教学者王家祐先生称为“鸟母文化”，是秦蜀同源的。秦人祖先大廉为“鸟俗氏”，大廉玄孙孟戏为“人首鸟身”。秦人又是“鸟足”嬴氏的后代。巴蜀来源于秦陇，三星堆“人面鸟身”男女祖先崇拜习俗就是同秦陇互相交流、互相影响和融合带来的。

祭先妣的习俗又叫“高禖之祭”。闻一多先生说：“古代各民族所记的高禖，全是各民族的先妣。”先秦时期许多地区都盛行“祠高禖”活动，如燕国的“驰祖”、齐国的“观社”、宋国的“桑林”、楚国的“云梦”。诸国各自的“高禖”，实“为神殿前祭祀神禖并于寝庙行男女欢会之所”，“乃国之大祀”（郭沫若：《释祖妣》）。

三星堆各种男女青铜神像，正是母系时代高禖遗习与父系时代神禖遗习并存的反映，是三星堆社会父系部族和母系部族联盟和谐共处的反映，也是摩尔根《古代社会》记载的普那鲁亚家族亚血族群婚遗习的一种反映。

4. 战国时期古蜀最早的城市规划与城市设计

成都市区商业街战国早期蜀王家族墓葬是迄今为止发现的世界最大规模的船棺葬，共有17具，最大的一具长18. 8米，是用生长上千年的楠木制成的。在墓坑的上面建有陵庙。出土文物以漆器最多，是四川发现数量最大的战国早期漆器。其中突出的是乐器：编钟、编磬的架子、鼓、竽等。

这与《华阳国志》所载开明时期“始立宗庙”“制礼作乐”“酒曰醴”“乐曰荆”等史料相符，表明古蜀国都邑已进入高度文明发展时期。从城市地理分析，商业街船棺葬应为当时成都古城西边的墓地，根据古人“墓地尚西”的原理，当时成都城市应在墓地的东边，即其东北的武担山以南区域。而从岷山饭店、指挥街均出土有乌木看，当时成都古城的近郊（包括今天府广场及其以南区域）应是一大片森林区域。

最早的成都城市人居环境就是在这一片平畴绿林掩映中发展起来的，郁郁葱葱，秀丽佳美，后来成都被称为“天府之国”，就是这时奠定的基础，这是成都早期城市文脉形成的鼎盛发展的时期。

成都商业街战国早期古蜀船棺遗址全景
成都商业街战国早期古蜀船棺文物
摄影 / 李绪成

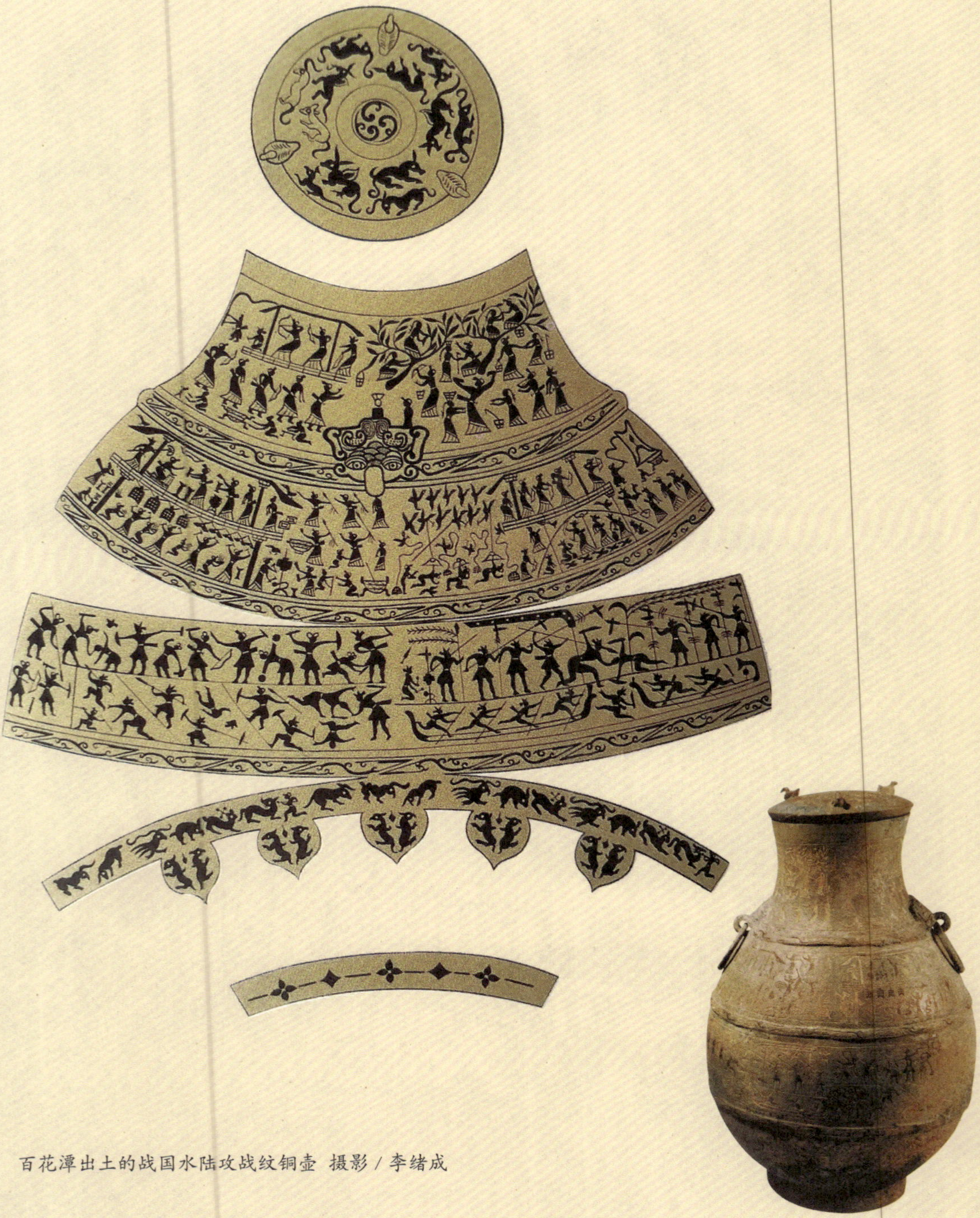

百花潭出土的战国水陆攻战纹铜壶 摄影 / 李绪成

战国晚期秦惠文王二十七年（公元前 316 年）司马错、张仪灭蜀，公元前 311 年张仪、张若兴筑成都、郫城、临邛三城，并按秦国都城咸阳的格局和建制来规划成都城。当时城市已规划为大城和少城。少城为商肆区，大城为民舍区。这是成都最早的城市规划和城市设计。少城者，最先发展起来的区域也，相当于金沙遗址为源头发展起来的区域。大城是紧接其后发展起来的区域。正如少皞氏是先于太皞氏发展起来的部族，少室山先发展起来而后扩展为太室山，“少”是最小最早的意思，“大”和“太”是最大和晚出的意思。成都城就是最早从少城孕育和发展起来的，成都最早的商业区和市场也诞生于少城，而大城则是在少城之后才发展起来的区域。秦国设“市长”管理少城市场，这“市长”一职最早也产生于少城商业区，与今天“市长”含义已大不一样，但它的来源却在这里。到战国晚期，成都城已有规整的城垣，有规范的街道布局，有初步的城市区域功能分工，有盐铁官与市官市长管理税收和市场。

这套规范化的城市规划和设计，按《华阳国志》的记载，叫作“与咸阳同制”，是完全仿照当时秦国京城咸阳城的规划和设计以及城市管理制度来操作的，表明最早的成都古典城市的功能和结构已达到成熟发展水平。

早在秦穆公时代秦国就是“隙陇蜀之货物而多贾”（《史记·货殖列传》），以雍都为隙，峡谷天险，两山峰相距，仅一线天孔隙，为陇蜀必经的孔道，出现了在陇蜀两地长途贩运的商人阶层。到秦统一巴蜀后，这些商人多迁于蜀，故秦惠文王要专门修筑成都少城来安置这些商贾。经过累代的经营，成都遂成为专门的手工业者和商人聚集之所，发展为秦汉时代有名的商业都市，到西汉末年更成为全国除长安以外的商业五都之一，设“五均”管理。

法国哲学家卢梭说：“房屋只构成镇，市民才构成城。”成都市民阶层的出现应在战国至秦汉时期，这是成都市民阶层最早见诸文献记载的开始，故公元前 311 年兴筑成都是成都筑城有确切纪年之始，是成都早期城市建设史的标志。

总体来说，近年来成都平原宝墩文化的考古发现，证实成都早在中华文明的起源阶段就已经是长江上游文明的中心，城市文明发展史超过 4500 年。

三　秦汉魏晋“天府之国”农桑文明之优越秀冠

《战国策》首讲“天府”称号，是指以八百里秦川的关中盆地为中心，包括京辅汉中盆地与蜀中四川盆地三大区域。到东汉以后，三国蜀汉的诸葛亮《隆中对》最早单独称巴蜀为“天府之土”，不再包括关中和汉中了。到西晋左思作《蜀都赋》时，则干脆不把“天府”桂冠戴在关中头上了，而是讲关中离“天府”称号还差了一点，只能说是接近“天府”——“号为近蜀”。从此，“天府”这顶桂冠就只能移到四川头上，沿用至今。

这一阶段最大的特征有以下三点。

一是天府农桑文化获得创新性的转型升级，成为瑰玮奇绝乡村生态与“既丽且崇”城市文态相结合的标本，享有了“天府陆海”（《华阳国志》）的专称，成为中华城乡一体农桑文明发展的标志性文化地标。

二是天府丝绸推动秦汉锦江文明的发展，出现了“蜀锦蜀绣”的品牌专称。成都成为与临淄、襄邑比肩齐名的全国三大丝绸中心之一。“锦江”“锦里”“锦官城”“锦城”这些美名，皆因江水洗濯的蜀锦缎特别鲜明好看而来，其地标符号一直留存至今。司马相如的大赋被称为锦心绣口的“锦绣文章”，也是因为司马相如善于观察和学习蜀锦工匠“一经一纬”织梭，“绫锦雕镂之妙，殆侔于上国（指中原）”的高超手工技艺，其节拍有如演奏“一宫一商”的黄钟大吕音乐一样，因而生发出作赋灵感和心灵开悟，写出了文如锦绣、音韵神来的大赋典范作品。成都老官山汉墓出土四座高楼双峙织锦机与 14 个纺织工匠木俑，这是世界上发现最早的提花织机，沿用至今。新疆尼雅墓地出土的织有“五星出东方利中国”字样的蜀锦护膊，也是首次发现，体现了汉代成都人善于以丝绸为宣传手段，向北方丝绸之路传播中华大一统理念的“文化创意智慧”。蜀锦蜀绣在秦汉时代已成为成都城市财富走向丝绸之路的国际交流的代表性标识。

三是“文翁倡其教，相如为之师”，文翁兴教化蜀，创石室与讲堂，既是地方公学与“文庙官学”的创始人，又是传承孔子私学传统，以“温故”与“时习”二讲堂开启后世书院之学的创始人。文翁有如后世山长倡其教，司马相如则是文翁石室讲堂第一位教师。他在文翁石室开讲“蜀学”，是“蜀学”转型创新两千年文脉的开创者。文翁教化的结晶是将巴蜀本土文化转型升级为主流国学，成为以儒为本、会通百家，以“儒化中国”为主旨的蜀学之滥觞，出现了“巴蜀好风雅”“文章冠天下”的书香诗意社会风习，与齐鲁之学比肩发展，这是巴蜀精神文化第一次飞跃提升与发展。

四 唐宋巴蜀世界财富城市的出现与巴蜀城乡一体商业网络体系的构建

唐代的剑南东西川与宋代的川峡四路是全国最富庶的地区，是唐宋重要的财源地，在全国城市群中占有“扬一益二”的首席地位。放在当时西方黑暗的中世纪城市衰落发展史上来看，成都因南北“丝绸之路”连接的枢纽地位，已发展成为当时世界财富聚集与交流的国际性前列城市，已经是“天下第一名镇”（卢求《成都记》）。这一时期的经济文化最亮眼的成就，是世界雕版印刷术的起源发生在成都，比肩于扬州。宋代佛教文化开宝大藏经在成都首次结集印制。

中国道藏也由前后蜀国师、天师正一道传承人杜光庭第一次结集，故被称为“杜撰”，成为至今沿用的词语。儒藏则有五代后蜀首相勾中正第一次自费将“九经”结集印刷，表明儒释道三教融合潮流在天府的兴起。城市商业已突破了汉唐传统坊市制度，兴起了破墙开店、临街开铺设店的新的商业风习。

成都作为西部土特产集散中心和通向长安的丝绸之路“蜀道网”的兴起，发展出“十二月市”为标志的自由集市和专业性的手工作坊街道。货币史上的划时代变革，则是在唐代交易信用券“飞钱”基础上，而于宋初发明和使用纸印“交子”，这是世界纸币金融史的祖源。

唐宋时期巴蜀文学和艺术的发展，成就了成都作为古代东方世界的文化之都、书香之都、诗意之都、音乐之都和美术之都的城市形象。陈子昂、李白、杜甫、苏轼、陆游等“秀冠华夏”的文化巨人的出现，进一步强化了“文宗在蜀”“表仪百代”的传统。继承卓文君、王昭君才女文脉的武则天、薛涛、黄崇嘏、花蕊夫人等才女的出现，则是汉唐至今“才女在蜀”的文化薪火传承、根脉代继的发展路程上闪着异样光辉的文化路标。“文宗在蜀”与“才女在蜀”的规律性出现与发展，均是巴蜀山川秀气与诗意书香灵气孕育的产物。唐代大慈寺壁画“精绝冠世”，留下了成都作为古代东方美学之都的文化基因。唐宋蜀派古琴进一步发展为《蜀国弦》。前蜀永陵 二十四乐伎石刻形象，显示成都“锦城丝管日纷纷”的管弦歌舞之盛，是中国音乐史上由“天上”宫廷雅乐衍变为“人间”“宴乐”（即“燕乐”）的最大一次转化转型与提升重兴。这一时期全国首次，也是最大的一次文化融入旅游景观的风习，开始于宋代成都城镇群游赏体系的出现。其显著特征是游赏习俗的人文化与艺术化，如浣花大游江、小游江，锦江“遨头”“遨床”的遨游与夜游习俗，锦江河畔梨园乐坊由观众选乐伎状元的活动，是天府旅游发展史上第一次文化融入旅游习俗的开端。又如孟蜀石经、中国第一部词总集《花间集》、唐宋蜀刻本、龙爪本、薛涛笺与十色笺以及专为文人考举夜读设计的什邡窑省油灯等艺术瑰宝，是天府书香诗意生活方式已经普及于大众而留下的巴蜀天然自在、绮丽浓媚神韵的精神结晶。

五　元明清巴蜀文化的新转型：由精英文化走向城乡平民社会文化

这一时期巴蜀城市工商业，在封建自然经济结构为主的封闭经济中获得了开放性的发展，工艺品“蜀锦、蜀扇、蜀衫，古今已为奇产”（《广志绎》卷三），已成为与苏杭的文绮锦绣、山珍海味等“下江货物”交换的畅销产品。岷山的蜀杉木还成为从岷江而下进贡京师修建明故宫的名贵建筑木材。新制蜀折扇不仅是进贡佳品，还是当时颇受追捧的社会商品。这一时期“川味”特色的下层群众文化开始兴盛，其最高成就是由成都“唐杂剧”、元北曲、明南曲、清代雅部戏发展转型而来的花部戏地方剧种之一——川剧，其“昆、高、胡、灯、弹”五大声腔体系就是在清乾隆时期由金堂人魏长生饰花旦，在北京首次演唱“四川秦腔”，发明甩水袖、踩高跷等新技衍变而来的。尤为突出的是著名文人黄吉安、赵熙等对川剧剧本加以文学性、诗意性改造，出现“五袍、四柱、江湖十八本”等诗化剧本，使川剧由粗糙的市民艺术变为声腔宏富、文辞典雅、俚俗并兼、雅俗共赏、亦庄亦谐的精致艺术，进一步推动了巴蜀市民社会习俗的文雅化、书香化与诗意化。

元明清巴蜀教育事业也获得了新发展，主要体现为书院制度的创新。元代有草堂书院，明代有子云、大益、浣花等书院，清代有锦江、墨池、芙蓉、潜溪、尊经等书院，均驰名全国。社会上兴起的茶馆、书坊、评书、扬琴、古琴、竹琴、金钱板、皮影、木偶、围鼓、口技、相声、清音等，是这一时期活跃于社会群众舞台的“非物质文化遗产”。

六　近现代巴蜀文化形态的蹒跚转化

1840 年以后，以农桑文明为特征的巴蜀地域文化，在外国资本主义、帝国主义侵略的影响下，受到近代文明的冲击，在阵痛中迈着蹒跚的步伐缓慢地向近代化形态转换。特别是 19 世纪末期和 20 世纪初期，新旧文化激荡冲突，巴蜀地域文化围绕着对传统文化的破与立、对中西文化的体与用激烈论争的主题，开创了巴蜀近代百年史（1840—1949 年）波谲云诡、风云变幻、律动觉醒，向近代化转化、转型的艰难探索历程，同时也是冲击近代中国风雨如磐的百年黑夜，迎接新中国曙光的艰难历程。

其中最重要的有六大事件。

一是19世纪末的戊戌维新运动，“是一阵思想的巨浪”，开创了地域文化“新的思想意识时代”。1874年四川省城尊经书院的创建，开启“绍先哲，起蜀学”的新风，以湘学巨子王闿运为山长，兼容中学经史与西学时尚，会通湘学与蜀学，先后培育出以廖平、吴之英、宋育仁、张森楷、杨锐，以及传承尊经书院文脉的郭沫若、蒙文通、周太玄等为代表的一大批通经致用、新旧会通而又重今文经学传统的新蜀学人才，在四川开启了近代启蒙思想意识发展的新阶段。

二是20世纪初的四川保路运动，不仅是政治、经济运动，也是文化变革的运动，是由从旧绅士阶层走出来的城市化精英组成“立宪派”与下层民众组成“哥老会”相结合，“引起中华革命先”（朱德评价语），出现了天府四川3000年未有的大变局、古老文化生活习俗与文化心理亘古未有的大震动和古典形态的巴蜀文化大裂变，开启了四川人对西方民主意识的吐纳与民族革命精神新启蒙觉醒汪洋恣肆的历程。

三是五四新文化运动在四川，出现了对“科学与民主”新思潮的追求，其中新的先进知识分子则开始了对马克思主义的新的探索。1920年四川人陈豹隐在北大首讲“马克思主义经济学概论”，郭沫若在1930年提出了以恩格斯《家庭私有制和国家的起源》为指导，编写“关于中国古代社会文化的研究”的新构想，以补出恩格斯“起源论”没有写中国的“下半页空白”。1922年王右木在成都最早建立党组织。1924年杨闇公、吴玉章在成都成立“中国青年共产党”，开展革命活动，在党的百年奋斗史上，巴蜀人以敢为人先的精神作出了杰出的贡献。

四是中国工农红军创建川陕、湘鄂川黔革命根据地，传播红色革命文化火种，成为全国第二大苏区。红军长征过四川，铸就伟大的长征精神。四川是红军长征历程中活动范围最广、历时最长、行程最远、战斗最密集、翻雪山过草地境遇最恶劣的省份，同时也是第一个建立少数民族苏维埃政权——“博巴苏维埃政府”的地方。

五是抗日战争时期抗日救亡运动在四川兴起，成立各界救国联合会。川军出川抗战，四川人民对抗战作出了巨大的人力、物力和财力贡献。沦陷区大量高校内迁四川。特别是西南联大的组成，为天府文化注入了新的活力，四川成为大后方民族复兴的根据地和中华文艺复兴的基地。

六是解放战争时期，四川地下党在极其严酷的形势下，组织广大爱国学生和人民群众开展各种斗争，迎接四川解放，掀开了四川历史的新篇章。

七　新中国、新时期、新时代七十五年巴蜀文化新面貌新格局

中华人民共和国成立以来的七十五年是社会主义在中国从建立、奠基，到开创和发展中国特色社会主义的宏伟史诗般进程的七十五年，是中华民族从站起来、富起来到强起来的伟大历史飞跃的七十五年。1949 年新中国成立，1978 年党的十一届三中全会开启了改革开放的伟大历程，进入开创和发展中国特色社会主义的历史新时期。2012 年党的十八大以来，以习近平同志为核心的党中央统揽伟大斗争、伟大工程、伟大事业、伟大梦想，中国特色社会主义进入伟大的历史新时代。

在这个新时代的历史方位上，在中国特色社会主义基本架构和四梁八柱已经铸就的基础上，在习近平新时代中国特色社会主义思想指导下，中国人民正进一步完善和发展中国特色社会主义，百年大党，世纪伟业，迎来了实现中华民族伟大复兴的中国梦的光明前景。

七十多年来，传统的巴蜀文化，伴随着共和国不同时期成长的步伐，在创新性转型为中国特色社会主义文化的过程中，不断书写着新的篇章。新中国成立，巴蜀天府文化获得创新性转化与创造性发展的机遇，开始了社会主义现代化路径的艰辛探索。其中，党中央“三线建设”的英明战略决策，不仅奠定了四川现代工业化的经济基础，而且为巴蜀文化优良传统的创新和发展注入了“三线建设者”不畏艰险、勇毅前行、创新创造、强国后盾的“三线精神”的新质内涵。

进入改革开放新时期，四川更开拓出“改革之乡”“富民兴川”的社会主义现代化建设的全新局面。中国式现代化巴蜀文化新篇章在新时代也随着改革、开放、建设不断前进、跨越的步伐，传承巴蜀老祖宗“非常之人”（司马相如语）“敢为天下先”的精神，助推治蜀兴川，迈上由文化资源大省向文化产业强省跨越的新台阶。党的十八大以来，巴蜀人深入学习贯彻习近平新时代中国特色社会主义文化思想和习近平总书记对四川工作系列重要指示精神，认真践行“公园城市”、川渝经济圈、“构建长江上游生态屏障”、保护发展“从巴山蜀水到江南水乡的千年文脉”等新发展理念，同心共筑中国梦，阔步走进新时代。

八　巴蜀历史分区文脉的今古传承与未来创新

1. 由“古大都会”到“公园城市”成都示范区

这一示范区是以成都平原为中心的古蜀文明与现代都市文化特色交汇区，是古蜀文化、古蜀国、古蜀都邑的生长点，自古以来就是巴蜀的政治、经济和文化中心。古蜀文化是一个一脉多元的文化。所谓一脉是指以成都为核心形成独具特色的心向中原的古蜀文化体系；所谓多元是指在成都平原这个巴蜀核心的影响、辐射和带动下拓展开来的诸多文化区域。

成都作为古大都会、世界历史都市和中国历史文化名城，又是宜人宜居环境城市，这是建设公园城市的历史优势和宝贵历史遗产财富。

2. 巴蜀八个特色历史文脉复兴与未来发展区

一是古蜀文明大遗址分布带与古蜀道第一路——金牛道、剑阁翠云廊、富乐山三国蜀汉文化特色带，包括成都、德阳、绵阳、广元直至陕西汉中区域。该区域的亮点是：

锦绣文明带，包括都江堰灌溉文化区、锦江文明旅游带。

岷江水文化带、沱江水文化带、毗河水文化带。

大禹石纽故里旅游环线带。大禹兴于西羌，生于汶山郡。大禹治水始于岷山导江，以石纽方百里大禹诞生圣地为代表性文化地标，汶川、理县、茂县、北川、龙池（都江堰）、南坪（九寨沟）等古汶山郡范围内，构成大禹石纽故里文化带。该文化带，正与今九（寨沟）黄（龙）旅游热线重叠，是最佳文化融入旅游热线。

古蜀文明遗址寻根区，包括广汉三星堆遗址及博物馆、成都金沙遗址及博物馆公园、彭州湔江天彭阙至竹瓦街窑藏遗址、新都马家蜀王大墓、成都羊子山土台遗址、商业街战国船棺葬遗址、十二桥文化遗址等。

三国蜀汉文化圣地与剑门蜀道雄关文化区，包括以武侯祠为中心的三国遗址遗迹文化带、庞统祠与落凤坡、金牛道与褒斜道、翠云廊剑门蜀道等区域。

仙源故乡道教文化展示带，包括鹤鸣山、青城山、青羊宫、阳平观、老君山等地。

武侯祠图 摄影 / 李绪成

二是川南巴蜀禅游文化与汉唐巴蜀特色文化艺术区，包括成都至雅安、眉山、乐山等川南区域。该区域亮点是：

峨眉山普贤文化和乐山乌尤大佛文化区。

雅安蒙山“世界茶源”茶文化以及雅安汉阙文化。

眉山中国诗书城、乐山沫若文化中国新诗城、泸州中国“诗书乡”（陆游赞语）。

三是川西高原的江源藏羌彝民族文化风情走廊与康巴文化主题特色区。该区域亮点是：

康巴文化区（以德格印经院藏文化宝库为中心的康巴文化发祥地、岭·格萨尔王的故乡、康定情歌之乡）。藏羌古碉、丹巴美人谷与道孚木雅嘉绒藏文化旅游区。稻城亚丁生态文化与民族风情区。九寨、黄龙与嘉绒藏风情、白马藏风情展示区。

德格印经院 摄影 / 根秋多吉

四是川西南的攀西大裂谷邛笮一彝族风情走廊展示区，包括凉山州与攀枝花市区域。该区域亮点是：

邛海邛人文化区、笮海（二滩）文化旅游区。阳光攀枝花钢铁钒钛工业游览与月城西昌航天艺术及日光浴休闲度假区。泸沽湖摩梭母系文化展示区。

五是川东北的嘉陵江流域三巴文化展示区与伟人英杰故里红色文化区，包括遂宁、广安、南充、巴中等市。该区城亮点是：

今天四川的三巴文化区，是指以巴人王都阆中古城为中心的文化区，渠江流域以巴中、达州为中心的巴渠文化区，涪江流域遂宁、广安等地的巴涪文化区。另外，今天的重庆市则属于巴渝文化区。以上四川三巴文化区与重庆巴渝文化区合在一起，就是古代巴郡的范围。

今天的广安伟人故里与达州、巴中红色苏维埃文化区。

六是川东南竹海僰人文化、夜郎文化与南方丝绸之路、西南陆海走廊通道特色文化区，包括内江、宜宾、泸州、自贡等区域。该区城亮点是：

蜀南竹海一僰人和都掌蛮文化区。恐龙之乡博物馆与盐业会馆文化、灯会文化区。四川酒城文化区。世界画家张大千故居与内江书画之乡。

七是巴东古巴方国都邑文化区，包括渠县城坝、宣汉罗家坝古巴国都邑聚落大遗址，是廪君巴人与板楯賨人生长的故乡。出土青铜簠、青铜罍等中原礼器，又有巴人特色的铜兵器、青铜印章。独特的“巴蜀图语”，表明系巴人土著文字。另有涪陵、阆中，曾是古巴王国先后建立的王都所在地。

八是川东土家族特色文化区，集中在宣汉。今犹存土家祭司秘传文字，证实“巴蜀图语”首先是春秋战国时期巴人所创，然后扩展到蜀人区域。

雪山圣湖 绘 / 谷克沙

巴蜀文脉特征

仙乡人居　非常之人

开拓蜀道，与时俱进，铸望于诗书城乡

穿越宇宙，向阳而生，驰骛乎兼容并包

20 世纪 30 年代第一次三星堆考古

金沙考古现场

金沙出土的文物：青铜人像

金沙出土的文物：石虎

成都商业街船棺考古遗址

郫都区古城遗址大型建筑基址

成都博物馆古蜀先民生活场景 摄影 / 周孟棋

其余图片摄影 / 李绪成

一　物质文化家园五大特征

1. 巢居文化

巴蜀是巢居文化的起源地，有两个发展系统：一是古羌人在古冉駹地六夷、七羌、九氐区域创造的高山石碉邛笼文化体系；二是岷江河谷成都平原的蜀人创造的低地平原干栏楼居体系。

后一种建筑样式被称为“氐”。“氐”字就是“低”“底”的意思，故有这种建造“氐”的特殊技艺的部族则被称为氐族。“羌氐”经常连称，就是因为高山羌与低地氐是同一种巢居文化的缘故。《说文》云：“氐，至也，。从氐下箸一。一，地也。”因在地上建“氐”形巢居样式，故称“氐”。这种“氐”多建在山陵峻阪、溪谷回曲之地，故“氐”又被引申为陇阪低地的代称。这正合秦人“谓陵阪曰阺”和“天水有大坂，名曰陇坻”之义。

“天水、陇西，山多林木，民以板为室屋”（《汉书·地理志》），就是指的陇阪之阪屋，就是干栏。邸为室屋，故“氐”又训义为“舍”。氐聚而成邑，就是“邸”，这是一种干栏式建筑。巴蜀秦陇之间，特别是剑阁栈道，多建有邸阁，是一种干栏式建筑，乃储军粮之所。如邓艾曾为郫邸阁督，说明成都附近的郫都区就有干栏式的邸阁。

我国古代居住文化历来有两个独立发展的系统：一为穴居，另一为巢居。这两种文化具有不同性质，并有各自不同的文化体系和发展路径，对古代文明和社会发展均有深刻影响。从巢居的发明者“有巢氏”传说发生的地域看，有三大巢居发祥地：东夷郴娄巢居文化发祥地、荆楚南巢氏巢居文化发祥地、古江源及巴蜀巢居文化发祥地。巴蜀也是“有巢氏”的故乡。宋人罗泌《路史》云：“有巢氏居于弥。”“弥”就是昆弥族，分布于今云南西洱河流域，是西南“有巢氏”区域，成都市青白江区弥牟镇是西南昆弥有巢氏部族首领居住的文化地标。巴蜀地域的巢居文化源远流长，绵延长达数千年之久。它以古江源流域为中心，从西蜀扩及于三巴，进而影响于滇黔，传播于越南、缅甸和其他东南亚地区。

1. 羌族祭祀活动 摄影 / 吕玲珑
2. 羌族咂酒习俗 摄影 / 吕玲珑

2

巴蜀巢居文化最原始的形式是“树上居”，发展衍变而为“楼居干栏”，“人并楼居，登梯而上”。这种习俗分布范围很广，“自汉中以达于邛笮”，西含邛笮、建南高原，北及汉中、甘南，东达夔峡，南及牂牁（今贵州境）、永昌（今云南境）、云南文山州和红河州千里区域（贾耽《从边州入四夷途径》）。

楼居干栏的基本特征是“悬虚构屋”（《太平寰宇记》卷八六）。这种楼居比较树上居而言，使人类脱离了对天然树木的依赖，是今日楼房的滥觞。楼居干栏，蜀人叫“林箐”，因建在竹林间而得名。巴人叫“阁栏头”“竹棚头”，以“山坡架木为居”，故唐诗人元稹有诗云：“平地才应一顷余，阁栏都大似巢居。”它以川东土家族的吊脚楼和会东彝族、南宁壮族的“半边楼”最为典型。

诗圣杜甫从剑阁到成都府再到夔州，给他印象最深的是巴蜀僚人的巢居。他一再写道：“仰凌栈道细，野人半巢居。”“殊俗状巢居，层台俯风渚。”“峡人鸟兽居，其室附层巅。”这一习俗给杜甫留下的印象是那样深，以至他离蜀到了湖南潭州，还回忆起巴蜀巢居：“可怜处处巢居室，何异飘飘托此身。”（杜甫《燕子来舟中作》）而诗仙李白和隐士东严子则专门要选择巢居环境——“岷山之阳”来学道：“巢居数年，不迹城市。”（李白《上安州裴长史书》）

栅居和寨居是巢居文化的第二种形式。它指的是由干栏建筑群连接形成的聚落。直到今天，在岷江上游地区松潘、汶川一带还可看到这种用木栅围起来的村落或寨子。汉唐成都城就是木栅围起来的栅居城，叫作“层城”“重城”。江州（今重庆）巴人则“重屋累居”，在古代被称作吊脚楼栅居城。滨江处，还出现了“水栅”城，“结舫水居者五百余家”（《水经注·江水》）。至今重庆山城景观仍是重屋累居，山叠水绕。

巴蜀巢居文化的另一种类型是古羌人传承下来的邛笼—石碉系统，分布在今四川松潘、茂县、黑水、汶川、理县等地，即岷江上游、大渡河中游和雅砻江中下游地带。在金沙江畔干热河谷地带，石碉则衍变为土碉和高碉，形似碉堡，有四角、六角、八角诸形，高六七层，最高者达十三四层。石碉文化实渊源于古蜀岷山石室。《蜀王本纪》说：“蚕丛始居岷山石室。”石碉就是从蚕丛时代岷山石室文化发展起来的。岷山，实应是古石碉文化的发源地。把石碉称为邛笼，这是古羌人的语言。“邛笼”一词实是羌自称的汉语译音。邛笼，有时也单称为“笼”或“弄”。最初指碉房，后来发展到具有碉砦特征的村寨、城，也称为“笼”或“弄”。

成都十二桥商代干栏木结构建筑遗址的发现，证明成都确曾成为古巴蜀巢居氏族居住的中心。蜀人就是最古的巢居部族。秦人灭蜀前的成都城就是一座如唐人李昊所说的“树木栅于西州”的栅居城。郫邑是杜宇在卑湿之地建立起来的栅居城。“郫”字是在卑湿低地筑邑栅居之意，故三千年前至今，只有县名才用这个郫字。

栅居城再进一步发展就是高楼层城，将城垣加高加大，垒叠成层楼。杜甫形容成都“层城填华屋”，李白说“九天开出一成都”，左思说“既丽且崇，实号成都”，说的就是这种高峻层城，又叫重城，它是巢居文化发展最高技艺的物质成果，今日的高楼大厦与此也多少有渊源关系。就是到清代，“省城房屋多用草苫盖，即街市瓦房亦系竹壁编成”（清同治《成都县志·舆地·山川》），可见其影响之深远。

2. 蜀道文化

今天“蜀道”一名，有它的狭义和广义两种内涵。从狭义讲指的是成都为起点，北向为通向汉中和关中的金牛道、褒斜道、子午道、故道（陈仓道）、傥骆道、米仓道等线路，南向则指的南方丝绸之路、西南陆海通道。从广义讲，则指四川通向四面八方的各种水道和陆道。

“蜀道”渊源可追溯到《禹贡》的“贡道”。大禹治水，开九河，定九州。巴蜀则属梁州，故大禹特别开拓了梁州贡道，以便巴蜀向中原王朝进贡赋税和贡品，这是最早的“蜀道”。

1

蜀道的得名是在汉代。早在汉代乐府古相和曲中就有《蜀道难》一曲，从南朝梁简文帝到唐代李白，其间有十余首《蜀道难》诗作问世，“蜀道”一名遂广为人知。

“蜀道”的第一路是金牛道。

先秦古蜀国时期，蜀王开明氏与秦惠文王相会于雍，开辟了石牛道，翻秦岭，过剑门，留下了秦蜀互相嘲笑、金牛金屎开道、五丁力士开山拔蛇、五妇望夫石等优美的神话故事。这些故事表明开辟这条路是非常艰辛的，曾经过“地崩山摧壮士死”的大地震，创造出“天梯（木栈）石栈相钩连”的栈道奇迹。这条道路在历史上起了极重要的甚至是唯一的中原秦陇与巴蜀通道的作用。所以，《史记·货殖列传》中说这条线路的特点是“隙陇蜀之货物而多贾”。“隙”字，就是秦陇巴蜀崇山峻岭之间唯一条能用一线孔隙似的天险狭路行走交通。就这条天路，成为陇蜀货物交流并多商贾的要道，依赖“褒斜绾毂其口”，且是唯一“以所多易所鲜”的通道。不少陇与蜀的“富商大贾”由此而“周流天下，交易之物莫不通，得其所欲”。

1. 成都十二桥商代遗址房屋示意图 摄影 / 李绪成
2. 剑门绝壁 摄影 / 李天社

“蜀道”因此而得到“天路”的名称，杜甫就有“天路看殊俗”诗句，李白也有“开出一成都”的“九天”之路描写，指的就是这条蜀道。

西南巴蜀通过“蜀道”与长安相连接，成为以长安为中心的全国商业网络体系的重要组成部分。它的主干道路是金牛道（石牛道）。到秦汉以后，由单一的金牛道扩展为三谷四栈道。明人杨慎《丹铅录》、王士性《广志绎》均说：“自秦入蜀有三谷、四栈道。三谷者，其西南曰褒谷；南曰骆谷，从洋入；东南曰斜谷，从郿入。”“其栈道有四出：从成、和、阶、文出者为沓中阴平道……从两当出者为故道（即陈仓道）；从褒、凤出者为今连云栈道……从城固、洋县出者为斜道……”这“三谷四栈道”即是狭义上的“蜀道”。

广义的"蜀道"概念，则指巴蜀的水路和陆路，冲出四川盆地，四通八达。这是交通文脉的历史发展，特别是唐代以来交通文化的历史发展的结果。杜甫诗里多次提到"蜀道"，有时指狭义的蜀道，如《石柜阁》《奉汉中王手札》等诗；有时又指广义的蜀道，包括江峡，如《黄草》《赠虞十五司马》等诗。

归纳起来，"蜀道"的历史演进，经历了三大发展阶段。

一是"蜀道难"，指古蜀至汉唐，蜀人开拓之难，李白《蜀道难》一诗是"蜀道难"典型文化符号的标识。

二是"蜀道易"，指晚唐开始，除陆路外，长江和嘉陵江水道也发展起来了，山路、陆路、水路开始四通八达，冲出四川盆地就有多元多彩的道路了，给人们的文化心理感受，不再是"蜀道难"，也没有人再写"蜀道难"的诗。晚唐剑南节度使韦皋幕府有人写出了"蜀道易，易如履平地"的诗句，韦皋大喜，送诗人"罗锦八百匹"，人们的蜀道文化心理大不一样了。到唐代，"蜀道"这个概念逐步扩大了，延伸为四川盆地四出交通线路的泛称。特别是宋代茶马互市的发展，茶马道、盐茶道也成为"蜀道"概念的重要组成部分。

发展到今天，则是第三阶段——"蜀道畅"，指海陆空立体交通的发达。但这已不只是巴蜀"蜀道"的特点了。今天的"蜀道"特色，应该用"蜀道奇"这个文化标识符号来表达。这是郭沫若写的一首名诗，道出了"蜀道"数千年的文脉及其历史内涵，既传承了神奇蜀道的历史薪火，更创新性地发展出今天"蜀道瑰丽如画，四海遨游若比邻"的特色。蜀道中最值得重视的是"金牛道"历史遗产。因为汉唐时期西北方向河西走廊与西南方向川滇、滇缅道这两条一南一北的丝绸之路是不相交的，而金牛道（石牛道、剑阁道）正是连接这两条路的轴线，具有交通中枢的地位。再从唐宋以来西向民族地区的茶马古道的发展来看，金牛道又具有连接茶马司和盐茶司集散中心和管理中心的重要意义。

"蜀道"线路遗产有多种多样的文化特色，概括说来，有下列一些特点：

一是从交通线路本身发展的类型看，栈道和笮桥是主要特色。

二是从线路的自然环境看，剑阁道、金牛道，特别是翠云廊乃“世间奇伟之观”。其景观“涧壑钩蔓，峦岭曲折，高林巨樾，巍岗险顶”，“湍瀑淙激”，“一日万状，无有穷极”。

三是从区域文化的特征看，这条蜀道促进了巴蜀区域与汉中区域风俗与文化的交流，形成与巴蜀同俗区域；还促进了巴文化与蜀文化的交流与融合，形成巴蜀文化共同体；促进了巴蜀区域与关中区域的交流，秦陇文化与巴蜀文化更加紧密同源同流交融；促进了巴蜀与中原的交流，既促使巴蜀较快融入以中原为主体的全国商业城镇网络体系，又促使天府更加富庶，“天下府库莫盛于川中”。

四是蜀道促进了江源文明与汉水文明的交流与交融，成为汉代文化奠基的源泉。“汉”是“银汉”的简称，指汉水来自“天河银汉”。巴蜀人关于银汉浪漫奇特的想象，从汉代张骞穷河源关于牛郎织女星银汉相会的故事，到宋代秦少游的“金风玉露一相逢，便胜却人间无数”的浪漫想象，再到郭沫若著名诗作《天上的街市》，都是巴蜀浪漫主义天汉银河文学之脉，由地上蜀道发展到天上蜀道的梦想与理想精神的表征。汉水、汉中、汉朝、汉族、汉文化、汉学等概念，均来源于“天河银汉”。

汉朝文化兴于蜀（汉中），也结束于蜀（蜀汉）。但以“汉”为符号的汉族和汉文、汉学则绵延发展至今。这一系列以“汉”字为代表的不同内涵，正是以“汉”为根，这个根就是汉水和汉中。巴蜀同风同俗区域，就是这个根生长的初源沃土。

这是一条神奇的特色生态长廊、神秘的文化荟萃之路。

这是一条民族花灿、播种文明、播撒和谐文化种子，促进和谐社会生长之路。

这是一条神妙的回归心灵家园之路，是心灵开悟，领悟民族精神家园的真善美神韵之路。

天下第一古道——拦马墙 摄影 / 李天社

这是一条神游之路，复兴与振兴之路。蜀道是西部横断山脉汉藏彝羌民族文化交流迁徙的走廊，是该旅游走廊的生命线。对沿途佳境胜迹的上下求索，定会带来更多的心灵感应和美感享受。

3. 笮桥栈道文化

笮桥栈道，是巴蜀向外的商贸通道的特色，也是巴山蜀水少数民族聚居的山居栅寨区域和平原林盘宅居区域人居文化的突出特色。

中国西南许多地区属新构造地带，河谷深切，岩层分布多而裸露，西南河谷地区森林繁茂，为栈道产生提供了必要的石基和栈木，使修建栈道成为可能。栈道，是我国西南、西北和华南地区特有的交通道路设施。栈道原意是“编木为栈”，《史记索隐》引崔浩之言：“险绝之处，傍凿山岩而施版梁为阁。”这是木栈，后来出现了石栈——“天梯石栈相钩连”——逐渐代替了木栈。木栈加盖以后称为栈阁。金牛道是我国历史上设置栈道最早的古道。蜀汉时，诸葛亮在剑门关一带置阁道三十里，并置阁尉守御。唐代金牛道上的栈道还十分多，唐开成四年（公元 839 年），山南西道节度副使石文颖自散关至剑门，曾凿山石栈道千余里。唐宋诗人对栈道笮桥凌云霄汉之美有不少描绘，至今仍震撼人的心灵。如杜甫：“仰凌栈道细，俯映江木疏。”“石柜曾波上，临虚荡高壁。”岑参：“栈道笼迅湍，行人贯层崖。”“侧径转青壁，危梁透沧波。”“剑门乘崄过，阁道踏空行。”“飞阁通衢”是大小剑山的特点。

西南横断山脉，江河横溢，重峦叠嶂。西南少数民族先民创造了征服江河险阻、独具特点的交通工具，其中最为著名的有笮马和笮桥。笮马体形较小，善于山地行走，且能负重。早在春秋战国秦汉时期，笮马就已经成为西南与内地贸易的重要物资；三国时，笮马为蜀国战马。笮马品质优良，善于驱驰，典籍记载多有传奇色彩。如：“长老传言，滇池中有神马，日行五百里。”（《水经注》）笮桥即竹索或藤索桥。彝语“笮”“鲜”等音系纳西族语音，均与“笮”切近，指竹索和溜索，亦有以索为桥之意。西南少数民族大都擅长架设溜索为桥飞渡江河深涧，从事地区间的远程贸易。

剑门关栈道 摄影 / 李天社

川滇黔区域就多有笮桥。如：僰道渡（金沙江宜宾段）、清溪道渡口（今会理金沙江段）、猛连渡、红门口渡、阿机鲁渡、矣资渡、拉鲊渡、摸鱼鲜渡、龙街渡等。明代徐霞客路经元谋时，曾见龙街渡对岸有一古碑，上书“蜀滇交会”四个大字，这就是笮桥的历史作用。

4. 仙乡人居文化

在历史文化变迁的长河中，最初的城镇是从原始聚落发展出来的。由原始人的散团发展到聚落，再由星星点点的小聚落发展为中心聚落。在中心聚落之间因为交换的需要出现了市墟，这就是城市的雏形了。

城市和市镇经过几千年的发展和衍变，传到现在，就成为历史文化名城、古镇名村，它们是人类文明智慧的结晶，是值得珍视的遗产。

早在 4500 年前宝墩文化时期，成都平原就出现了最早的中心聚落，诞生了最早的古城文明。

《蜀王本纪》记载，早在蚕丛时代，“随其所在致市焉”，蜀王走到哪里，哪里就兴建起市镇。这种市镇有个专有名称，叫作“都”。三蜀区域就有七都：成都、广都、新都、武都（今甘肃成县）、徙都（今四川天全）、笮都（今汉源）、邛都（今西昌）。巴蜀最早的城市就是从这些名为“都”的市坊里发展起来的。到唐宋时巴蜀的城乡之市已成为遍及巴蜀地区的城镇商业网络。到明清时期，城镇网络进一步发展为城乡融合体系。每个镇的辐射范围在十里以内。因此，巴蜀的乡镇基本上保持着十里一场的间距。四川的城镇是在乡镇的基础上发展起来的。

明代以来，四川所形成的古镇有四千一百余座，至今尚存的还有一千四百多座。由于四川没有北方乡镇那样聚集在一起的村庄，农家多是散户零星居住，故呈现为乡镇联排店居与林盘文化相结合的形态。这种形态经过几千年的传承，就成为今日四川乡镇独异于他处的特色。四川古镇多将街市、场镇、商埠、水陆码头、庙宇祠堂、会馆书院等聚集为一体。这样的规模，这样的特色，也是全国少见的。

成都、泸州、自贡、宜宾、乐山、都江堰、阆中等国家级历史文化名城和二十七座省级历史文化名城，如明珠般镶嵌在“天府之国”的千里沃野和青山绿水之间。

这些历史悠久、风格各异的名城古镇，是巴蜀乡土文化最典型、最生动、最直观的写照。

巴蜀民居有下列四大特色类型：

一是南北风味兼容的四合院，叫作“四合头”“三合头”。“小天井大出檐，青灰瓦高勒脚，外封闭内开敞”，既具有北方封闭型的四合院特色，又兼容南方的敞厅、轩廊和封火墙，有的大型民居还有花园、楼阁、家庭戏台等建筑。“小天井”是巴蜀民居的最大特色，既采光又通风，是纳凉、休憩的“共享空间”。

大邑刘氏庄园、崇州宫保府、江安夕佳山民居是现存的明清民居的精品。

二是布局奇特的古集镇，多因地制宜，或沿丘陵和山地而建，或沿曲回河流而建，各具特色。犍为罗城镇雄踞山脊，形似旱船。资中铁佛镇古朴典雅。双流黄龙溪沿两江汇流布局，古朴素秀。石柱县西沱镇沿山逶迤而上，状如飞龙。

三是沿街联排民居，或联排店居，也有下店上宅式或前店后园式民居。

四是民族村镇，各有其民族特色。同样是藏族民居，由于所处地理位置的不同，有南北藏居之分；因用材不同，又有木楼、碉楼藏居之分；草地藏居还有藏族特有的帐篷。羌族、彝族、土家族、苗族等的建筑都各具特色。即使是汉族地区，由于四川地域大，风格也不尽一致，如广元、阆中等地部分民居兼有北方民居矮檐厚墙的特色，而西昌、会理一带的民居又兼有云南大理、丽江一带的建筑特色。

清初“湖广填四川”的移民浪潮，给四川带来了江南数省和部分北方的移民。巴山蜀水成了中国东西南北建筑文化艺术的大观园，江浙的小桥流水、北国的官商大院，都可以在四川找到它们的影子。

古老的建筑，古朴的环境氛围，悠久的历史，深厚的文化内涵，优美的风光，还有古镇人闲适恬淡的生活，让四川的古镇充盈着灵性，展现着活色生香的个性。

“九天开出一成都”“天地截作神仙乡”，唐宋人的这些赞词，表现了巴蜀城镇如仙乡一样优良的人居环境的文化特征。清人陈桂林《青城杂诗》云：“神仙都会犹余事，知与岷峨秀两川。”巴蜀城镇神仙都会式的人居环境，是秀润两川、养育巴蜀文明的沃地。巴蜀城乡一体文明是巴蜀人历代重塑巴蜀自然的伟大创造，是有独特价值的、深远而持久的巴蜀大地文明的特殊表现形式。

沙湾郭沫若故居 一座坐西向东、四进三井穿斗木结构小青瓦平房，始建于清嘉庆年间，集居室、商铺、家塾、园林于一体，至今保留古朴风貌 摄影 / 李学群

5. 林盘文化

林盘，是川西农村特有的一种居住群落，多为单家独户，也有三五家，或十余户，或一个小家族共用一林盘。周边林木环抱，小溪绕流，从高空俯瞰，像一颗颗绿色宝石，镶嵌在富饶的川西田野之上。它的基本形态是竹林茅舍，小桥流水，一家一户，一座林盘，如仙乡人居，似诗意栖居，是农耕文化宝贵的遗产。据 2005 年的调查，成都平原大小老林盘尚有十万余座，已列入成都市林盘保护规划。这种林盘来源于四千年优越秀冠的天府农耕休闲生活方式，被誉为“逍遥自在似神仙，凌霄步虚登九天”的中国生活的原型，这在成都传承最久，故成都平原的林盘文化有着特殊价值，在世界乡村文化中也有独到的特色和地位。

林盘既是生活空间，也是手工业和农副产品的生产空间。

居住在林盘中的农民，每户都有属于自家的室外场地，俗称“晒坝”。房前屋后还利用零星地块种植果树、蔬菜。这样的功能布局，体现了林盘居住环境的合理性。林盘是适合人类生存的健康空间和长寿空间。

常见的林盘，周边有乔木或竹林环抱，有小溪穿流，各户的房屋散布于树丛之间，彼此相互照应，一家有香共品尝、一家有事大家帮，是乡村和谐社会治理的最佳场所。杜甫十分喜欢成都草堂“舍南舍北皆春水，但见群鸥日日来”的林盘，邻里之间和谐互通。“肯与邻翁相对饮，隔篱呼取尽余杯”，自己家酿的“旧醅”喝干了，亲切呼唤邻家老翁带酒来一起喝。多么和谐的邻里社会关系，这就是林盘文化的特质。

林盘还是一个生态空间。林盘四周因有浓密的树林和小溪，气温比附近地面要低好几度。据环境管理部门检测，盛夏季节，林盘内的气温一般比林盘外的气温要低四五摄氏度。日本建筑师称它为“长寿空间”。

川西林盘是世界上稀有的乡愁文化的载体。花径蓬门，春水潺潺，负耒横经、耕读传家，构成成都平原林盘乡绅文化和乡贤文化，形成西蜀书香社会和诗意生活的传统。薪火传承，时光润泽，使之成为传统农耕时代文明的结晶、蜀人精神家园的净地。高级建筑师刘卫兵设计的《都江堰花溪村徐家林盘乡村规划》获得 2012 年度联合国人居环境规划设计奖，正是因为该规划传承和汲取了成都林盘仙乡人居环境文化的智慧，说明现代文明是能同历史文化交融的。

让我们走进林盘，喜欢林盘，爱护林盘，让林盘文化走进当代，活在当下。

1

1. 重庆忠县出土的东汉陶房反映了居干栏房的习俗 图片来源 /《巴蜀文化图典》

2. 四川德阳出土的画像砖 汉代大型住宅一般有前大门、中大门等多重门，讲究高大、美观、坚固和实用。本图为五脊重檐，檐椽下有菱形窗格 图片来源 /《巴蜀文化图典》

2

二　心灵美学境界八大特征

1. 仙源在蜀

李白诗："蜀国多仙山，峨眉邈难匹。"古蜀仙国，多洞天福地，是历代认同、形成共识的巴蜀文化特色。

这里说一说成都乃天路上的九天画图的故事。蜀人李白写成都："今来一登望，如上九天游。""九天开出一成都，万户千门入画图。""九天"是道家术语，指中央为钧天，四面八方有八天。汉代扬雄《太玄》专讲玄冥九天。在李白看来，成都这座城市是在凌霄步虚的玄冥九天上开辟出来的"万户千门入画图"的神仙洞府。杜甫入蜀，把入蜀之路称为"天路"，来源于道藏《三洞经》之"行自翱翔入天路"，谓升仙羽化，诗圣杜甫对此深有体味。宋人王安石写成都："盘礴西南江与岷，石犀金马世称神。桑麻接畛无余地，锦绣连城别有春。"（《送复之屯田赴成都》）宋人吕凝之诗："只恐天上去，迹陈锦江涯。""诗声写奇怪，画本出槎枒。"（《梅林分韵得花字》）这些诗透露出宋代人对古蜀仙国的文化心理感受。举凡李冰的石犀故事、严君平阐释海客乘槎得支机石的故事、桥以北斗七星为名布于锦江的故事、王褒祭金马碧鸡神的故事、李冰二郎擒孽龙的故事、龟城锦城蓉城得名的故事，都透露出人们对古蜀仙国"诗声写奇怪"的神秘感受和"只恐天上去"的浪漫情怀。

这里再说一说西蜀独有的钦敬和跪拜杜鹃鸟以祭望帝的习俗。

杜甫诗专门记载了这一习俗：杜宇"从天堕"，魂魄化为杜鹃，蜀人每岁春二三月间闻杜鹃鸟鸣就要跪拜。杜甫在《杜鹃》诗里还写道："西川有杜鹃，东川无杜鹃。涪万无杜鹃，云安有杜鹃。"这四句诗注家蜂起，解说纷纭，但一直令人费解，不明其意。

我这里仅用个人见解作点回答。其实用杜鹃跪拜习俗的文化眼光来解析，就明白多了。它说的就是西川蜀人区域，从古蜀直到唐代都有蜀人跪拜杜鹃的习俗，而东川、涪万等地属于巴人区域，巴人本来就没有这种习俗，

汉代画像石棺所雕刻之伏羲与女娲 摄影 / 刘长久

故“西川有杜鹃，东川无杜鹃”。但为什么还要补一句“涪（陵）万（州）无杜鹃”呢？因为这是巴人区域。那为什么杜甫又要说“云安有杜鹃”呢？云安是巴人区域，应该无跪拜杜鹃的习俗。这就得考察一下云安与蜀王杜宇的渊源。“云安”指夔州（今奉节县），古为夔子国。“夔”字音为规、圭，就是子规鸟、巂周鸟，皆是杜鹃的异名。古夔子国是杜宇的故乡，故云安有跪拜杜鹃的习俗。继杜宇之后的蜀王开明氏，上天成为守昆仑之虚的开明兽。昆仑山是“天下仙圣”所会治的地方，开明兽长有双翅，是管治天上九域部界和天帝苑囿的仙人“神陆吾”。袁珂先生认为这些故事是“神话仙话化之自然表现”，这是很确当的，“古蜀仙道”最初是“神话”，后来经过蜀人文化想象力的提升，变成了仙话故事。再后来道教利用古蜀仙道，将其进一步神仙化，岷山（包括青城山）遂成为“（昆仑）真官仙灵之所宗”。西蜀成为道教昆仑仙宗的中心，就是这么来的。

青城山建福宫 摄影 / 李学群

“仙”字古写为“僊”，“长生僊去”曰“僊”（《说文解字》）。清人段玉裁注云：“仙，遷也，遷入山也”，“古以僊为仙”。可见迁徙的人就是神仙，这是古蜀人遷（迁）徙过程的想象。仙化就是迁化，迁来迁去，想象为羽化飞升，就成了仙。一句话，迁徙活动被称为“迁”，从事迁徙活动的人，特别是在成都平原洪水大难中，能迁徙逃难、前往高地高岸上，周围一片白水茫茫，这时人能如飞鸟展翅一样“翱翔乎天路”，就会被称为“仙”，蜀人的仙化思维就是这么来的。后来道教就借用了这个“仙”字，构成了“神仙”一词，仍含有隐居山林、迁徙变化的含义，但被提升为羽化飞仙的幻化境界。

再看老子传授《道德经》，约关令尹喜千日后相遇于成都青羊肆，即今之青羊宫，这一传说也是古蜀人仙化思维的产物。

再如严君平与牛郎织女支机石的仙化传说、成都天涯石的故事等等，都可以看出蜀人的文化创造力、探求力，多用在仙化和幻化方面。这是蜀人流传仙道的思想基础。

三星堆的人面鸟身青铜像、人身鸟足像以及各种鹰头杜鹃等凤鸟形象，是蜀人羽化飞升思想的实证。特别是金沙遗址出土的玉琮上线刻的羽人飞升成仙图案，是仙道思想的核心。仙源道源最早就是从这里发端的。

“萧萧高仙，飞步太清”，就是说人要像飞鸟一样自由，“得仙度世，游宴昆仑”就能成为神仙。这实际上是一种仙话化的美妙的幻想，是古蜀人把对自己祖先作为神仙的信仰同对神鸟的自然崇拜结合在一起，就形成了“羽化飞仙”的观念，变成了对神仙世界的信仰。

2. 道源在蜀

道教经典《云笈七签·思神诀》说：“日者天之魂，月者地之魄，谓之神明。”这个“神明”就是古蜀仙道日月神信仰转化为道教信仰的“飞奔日月之仙”的思想来源。

三星堆和金沙遗址出土了丰富的仙鸟崇拜遗物，证明3200年前已经产生了古蜀仙道。到距今1800年前张陵才利月古蜀仙道创立道教，其间已相隔1400余年。由此可见，道教的道源是由古蜀仙道流传了1400年才形成的，古蜀仙道是道教创立的基础。

道教之所以能成教，关键是在道、经、师三大要素上有系统的整合和展示，故被称为“道教三宝”。“道宝”指以三清诸神为中心的神仙系统。“经宝”指道藏经典，如“云笈”“仙经”“道书”“金函”“玉册”“神书”“册书”等经籍。“师宝”指宫观经师道士团队组织系统及科仪、经忏等仪轨形式。张陵在大邑鹤鸣山创道，在青城山传道，从而形成“正一盟威之道”，亦称“天师道”。

在“道宝”方面，主要是建立以“三清”诸神为核心的各路神仙系统，其中主要是以昆仑山西王母信仰为特色，以神化和仙化老子为核心。

在“经宝”方面则主要是把道家经典《道德经》由人学改造成为神学。东汉张陵的《老子想尔注》是从西汉蜀人严君平的《道德真经旨归》引庄入老、扬雄的《太玄经》玄冥化思想学习传化来的。他将《道德经》的人学“想当然尔”地加以神学化、仙学化的注解，故把书名取之为《老子想尔注》，这是道藏神学仙学化的“仙人、神人、真人、圣人、贤人”体系集大成的奠基之作，是创立“正一盟威之道”的思想基础和组织基础。

在“师宝”方面，他以天师、嗣师、系师传授系统，建立了二十四治，后来扩展为二十八治、加八治、四别治、八游治、八配治等众多的教区组织，道教获得了宫观载体和传播信仰的阵地。

宋代在简州逍遥山石室发现汉代石刻碑，有题词：“汉安元年四月十八日会仙友。”此碑是在张陵来蜀以前刻出的，表明东汉末期蜀中仙道活动已相当发达，学道之人以“仙友”互称，并已在名山石室学仙隐居，这是道教洞天的雏形。

“道教”这个名词也是张陵在《老子想尔注》中第一次创造出来的。张陵“天师正一道”属符箓派的代表，仙学就是最先在符箓派中发展起来的。

1. 华光大帝 清代 摄影 / 刘长久

2. 玉皇大帝与勾陈大帝 清代

摄影 / 刘长久

1. 青城山洞经音乐演奏现场 摄影 / 李天社
2. 道教斗牌所画的三清四御 清代
摄影 / 刘长久

2

神光普照
神仙都會

3. 儒学源蜀

谢无量先生早在1913年著《蜀学原始论》时就提出了创新性的学术卓见："儒之学，蜀人所创。其最古经典，蜀人所传。"他还进一步论证："原始儒学"为兴于西羌的"禹创"。历经百年来的学术检验，其见解至今仍然值得坚信和发展，它体现了本土文化自信的精神，历时弥久，其见弥新。今可从大禹创立儒学的实践与理念，即"儒行"与"儒思"两方面来论证。

一是"儒行"。

"儒"是什么人？怎么来的？大禹给了最好的回答：大禹是最早的儒家，是原儒德行的最初创立者和实践者。"儒"最早就是指掌握斋戒沐浴祭祀礼节的巫师，发展到殷商时代已是一个特殊知识精英阶层，甲骨文中的"儒"字作"需""濡"，就是祭师沐浴净身，穿着宽袍大帽，澡身浴德的形象（《礼记·德行》）。"儒"又有分类，有"子儒"（殷商王族为子姓，主持王室祭祀典礼的祭师，称为"子儒"）、"丘儒"（掌管以"丘"为名的村社单位事务的祭师）、"师儒"（教化儒官之长称为"师儒"）、"儒人"（以儒为职业的一般儒者）等类别。

甲骨文中这么多种儒身份的出现，证明殷商时期已经出现以"儒"为职业的社会阶层。这个社会阶层源起于夏后氏，大禹是第一个儒师。大禹治水时，每天要敬水神，沐浴斋戒，有一套"濡"的礼仪行为规范。对貌、言、视、听、思都有中规中矩、睿智聪明的要求。只有这样懂礼制、习礼乐、戴冠冕、掌握祭祀典礼的人，才能从事神圣的祭祀活动。

所以，"儒"最早源于礼制文明的阶层，也是后来儒家的主要特色，故儒家作为学术和学派，其宗旨首重"礼"字。儒这个特殊阶层从夏代开始，到商周更发展成为一个特殊集团。

孔子就是春秋时代习礼习乐的儒师，故他认禹为儒祖，祖源脉络相连，心灵互通，故"吾与禹无间然也"。他对大禹的原始儒学进行提升，创立儒家学派。

汶川石纽大禹祭坛《大禹像》，叶毓山雕塑；《大禹颂》赋文，谭继和撰

图片提供 / 珠海援建工作组

二是“儒思”。

“儒思”是指儒家的思想理念体系。儒学的宇宙观和人生哲学观是“五行”。儒学的政治观、伦理观的核心是“仁”“礼”。这两方面源头都可追溯到大禹。

大禹“五行”“仁”“礼”，集中体现在他著《雒书》提出的“洪范九畴”，其含义是“天道大法九类”。《尚书》“洪范九畴”篇中，从“五行”至“六极”一段共65字，是大禹《雒书》的原文。

“五行”是“天道大法”的第一类，是大禹所继承的伏羲氏天人阴阳的原始哲学观念，讲天人阴阳。

该观念以“天一生水”为根基（湖北荆门郭店楚简所解），主张“顺天行气”（汉郑康成），顺天、地、水自然流行万千气象本性来治山理水，普济利民。这是大禹治水，“岷山导江”实践经验得出来的认知。水是人类文明之母，是人类生态绿舟之源。天地人环境之第一位应该是水。既然“天一生水”，五行首位就应是水，“五行”顺序就应是“水、火、木、金、土”。到汉代董仲舒时儒家“五行”顺序就变了，首位是“金”，顺序是“金、木、水、火、土”（《白虎通·五行篇》）。“金者，禁也”，晚上实行宵禁，要鸣金钟，叫作“金禁”。统治阶级治人用禁法，以鸣金示禁。禁民之口，成为维持阶级统治政权的第一要务，“五行”顺序也就变化为以金为首了。

“五行”以水为首，是上善若水，顺水之性，崇尚自然，因势利导，疏导胜于防堵的涵养观念。以金为首，则是禁忌观念重于疏导观念，掠取观念胜于涵养观念。二者有本质的不同。只有大禹以水为首的理念才是中华民族的生态理念。

儒学的政治观、伦理观，即核心价值观是“仁”和“礼”。这也集中体现在大禹的“洪范九畴”里。

“洪范”讲“农用八政”“飨用五福”，这是大禹以民为本、以民生为重的理念的体现。“八政”首为食货与祀，指的是农业立国，其国家治理和社会治理当适于“农用”要求，以“农力”为上，要首重食货与祭祀，二者皆国之大事。这“八政”体现了大禹“民惟邦本，本固邦宁”的国训和家训精神，也是大禹“仁”与“礼”核心价值观的体现。

“飨用五福”的“五福”指的是“寿”（长寿）、“富”（富裕）、“康宁”（平安）、“攸好德”（长好和谐之德）、“考终命”（从幼到老皆好运好命）这五种民福。这“五福”体现了大禹满足庶民的富裕安康的美好追求与实现亲仁和谐、睦邻长寿的社会愿望的精神，这是儒家国家社会治理思想的发端之处。

正是从大禹开始，夏、商、周的儒者在行与思方面都建立起一套中华民族礼乐文明的特色规范，才有春秋时期孔子儒家学派的创立。

大禹是蜀人，“兴于西（蜀）羌（乡）”，儒的核心价值理念和践行都发生在蜀，故“儒学源蜀”。无论是大禹，还是孔子，都是中华民族“全力研究人类事物的哲学家”。今天对待他们都应该有“新的合理的”“即客观、科学、礼教”的态度（甘霖《本来的孔子——〈论语〉新解》序言）。

4. 菩萨在蜀

“菩萨在蜀”一语讲的是发生在唐代剑南道梓州通泉县寻菩萨的故事。一群巴蜀商人到山西五台山去拜菩萨，路上遇到一个头陀告诉他们：“菩萨在蜀，你们何必舍近求远？”要他们回蜀中到灵鹫寺去找一位老头陀，他就是活菩萨。

这些商人回蜀来到梓州（今射洪）灵鹫山灵鹫寺，果然见到一个菩萨在前面走，但这群人始终追不上，最后眼见菩萨走进灵岩石壁，成了菩萨的影子。也许他们看到的这个影子，实际上就是摩崖石刻佛像。

这个故事正好用来说明巴蜀禅学的独到特色：独拜菩萨，慈悲化物，利益众生，顿渐随缘，南北兼容，心性合一，佛在心中。这是巴蜀禅宗的独到特色，它是在佛教中国化的过程中形成的。巴蜀作为南传佛教和北传佛教的会通交汇地，具有南北兼容的地理特点，故它能兼容“北宗渐修”与“南宗顿悟”，形成顿渐随缘、“空有兼遣”“虚实两忘”、南北会通的独到特色。

唐宋以来，巴蜀一直是中国禅宗会通发展的一个重要中心，是独特的“普贤文化”发祥地、佛教石刻艺术之乡和特色文化旅游——仙禅游的最佳目的地。

峨眉山是普贤文化的发祥地，以天真皇人传说为源头的仙山文化与佛教普贤禅宗文化相结合，从而形成以“仙禅”为特征的普贤文化，这是四川仙禅游的特殊优势。

峨眉山，又属道教洞天福地中“三十六小洞天”的“第七洞天：灵陵太妙之天”，其地位仅次于青城山。“蜀国多仙山，峨眉邈难匹”（李白诗），仙山多为蜀人仙化之地。峨眉山的奇景——山腰的宿雾、山中的云海——是蜀人仙道思维的膨化地。隋唐以后，峨眉在佛教法统上成为禅宗临济宗和曹洞宗的法嗣传承圣地，清末以前全属“子孙庙”，即同派师徒传承的寺院，法嗣由师父指定。清末以后才改为十方丛林，即可由不同宗派的法嗣传承。

峨眉山是普贤应化的道场。

普贤的根本义是“普是遍一切处，贤是最妙善义”，主张“全性起修，全修在性，圆满菩提，归无所得”。从这一根本义看，这无疑在普贤内涵上又加上了仙道思维。因此，所谓峨眉的普贤文化，实是融入了巴蜀仙道思想的大乘禅宗文化，这就是峨眉佛教文化的实质。

大足与安岳是南北朝唐宋以来佛教石刻艺术的故乡，故被称为“佛教石刻艺术之乡”。以文殊院、昭觉寺、宝光寺、广德寺为代表的巴蜀禅宗文化体系，古今传承，不绝如缕，故有“言禅者不可不知蜀，言蜀者尤不可不知禅”之谓（贾题韬先生语），巴蜀是中国禅学的一个重要研究中心。

峨眉山金顶圣像下大象局部 摄影 / 李学群

四川成都万佛寺出土的
背屏式佛坐像 南朝

川渝石窟——中国晚期石窟造像的杰出代表。

“蜀道”在巴蜀文化史上有着重要的地位。

翻开中国历史的长卷，可能唯有用“蜀”这个地域词叠“道”频繁使用在各种历史文献中。

“蜀道”一词在历史上有广义和狭义之分。

狭义的蜀道特指历史上秦蜀之间相通的主要干道，特别是多指历史上的金牛道、褒斜道、连云栈道等，使用时间多是在秦汉到明清之际。

广义的蜀道不仅仅是指历史时期巴蜀地区通往外界的交通要道，这个意义还可以延伸到文化通道……

大足、安岳石窟兴起时，北方、中原石窟已走到极盛期的尾声，广元、巴中等地的石窟进入鼎盛期。

四川广元皇泽寺第 28 号大佛窟 唐代

四川巴中南龛第 83 龛双头瑞像 唐代

四川邛崃花置寺第4号一佛二弟子二菩萨二力士 唐代

.四川仁寿冒水大佛沟第3号释迦拈花微笑 南宋

重庆大足大佛湾第20号窟地狱变养鸡女 南宋

四川资中重龙山毗沙门天王像 唐代

四川泸县玉蟾山九龙浴太子 明代

此两页图片摄影 / 刘长久

1

佛教文化中国化经历了长期的过程，禅宗是中国化的主要特色。

巴蜀禅宗思想始于玄奘，巴蜀禅宗形成的前提是玄奘奠定的。

玄奘是法相唯识宗的开山祖师，是中国佛教史上由印度佛教根本二部北传中国并逐渐向中国化佛教转折的重要时期承前启后的代表人物。他既是印度正统佛教的继承者，又是佛教传统中国化成就最大的学者。

他十八岁时来成都学律受具足戒，长达五年。

成都是他研学“益部经论，究通诸部五篇七聚之宗”的基础阵地。他把成都能找到的经律论藏都读完了，发现大大不足，故更思留学印度，求学真经。他的成就在于以他的《八识规矩颂》为代表的“唯识学”的建立。他的学说是研判人主观的知识智慧世界与情感心灵世界源起、发展、演变以及与客观宇宙关系的学问，故能综核名实，兼容百宗，不信陈言，断绝荧惑。这正是中国化禅宗最初的殊旨。因此，我们认定他是中国化禅宗文化的奠基者。巴蜀禅宗是以唯识学为根基，在会通儒释道百科的指导思想下形成和发展起来的。

1. 峨眉山金顶圣像下大象局部 摄影 / 李学群

2. 世界文化遗产：乐山大佛 摄影 / 李学群

乐山大佛由栖鸾峰整块岩石雕刻而成，是迄今为止世界上最大的佛坐像。联合国教科文组织专家吉姆·桑赛尔评价乐山大佛“堪与世界其他石刻，如斯芬克斯和尼罗河的帝王谷媲美”。

1

巴蜀禅宗的开创者是初唐的智诜，在资中德纯寺创立南北二宗皆容的保唐宗，也就是巴蜀禅宗。他是五祖弘忍的弟子，与创立南宗顿悟派的六祖慧能和创立北宗渐修派的神秀是师兄弟。他会通南北宗两师兄顿悟与渐修为一，建立起“别开一宗”的巴蜀禅宗。

巴蜀禅宗向大众化、生活化转型的推动者是中唐时期来到成都的新罗王子无相，俗称“金和尚”。他修建大慈寺、净众寺、菩提寺，提出“无忆、无念、莫妄，即性即佛”的日常生活修持法，提倡“禅茶一味”，把禅宗转型为大众化、生活化的宗教。

推动禅宗走向人间佛教、人生佛教的奠基人是中唐时期禅宗八祖什邡县人马祖道一。他倡导“平常心是道”，主张人间化佛教。他创立丛林制度和农禅制度，推动了丛林佛教文化与乡村乡贤耕读文化的紧密结合。

唐宋至明清巴蜀禅宗的传承人进一步扩大，出现更多名僧、如晚唐圭峰宗密，是会通华严、贤首与净众、保唐、菏泽各禅宗的宗师。

晚唐德山宣鉴是由祖师禅向分灯禅一花五叶转型的奠基者，提倡“德山棒”“临济喝”，呵佛骂祖，参话头，打机锋，以求抛弃成法，获得开悟。

晚唐悟达国师，在彭州九陇山开创三昧水忏法。前蜀诗僧贯休是善书画的诗僧。宋代雪窦重显创云门宗，著禅门修行准则《颂古百则》。圆悟克勤住成都昭觉寺，撰“宗门第一书”《碧岩录》，开一代“文字禅”先风。明清时期，楚山绍琦、聚云吹万、破山海明、丈雪通醉都对中国化禅宗有重要贡献。

现当代巴蜀禅宗的创造性转化、转型与适应社会主义社会的创新性发展，则有遍能大师、慈青法师、隆莲法师、本光法师、永寿法师、宽霖法师、永光法师、清定法师、宗性大师、智海大师、意寂法师、省佛协副会长贾题韬与余昌文先生等等，他们都分别作出了自己独特的贡献。

5. 文宗在蜀

巴蜀是“秀冠华夏”的“天下第一秀才”（文化巨人）之乡。

郭沫若说：“文宗自古传巴蜀，锦江春色与天长。”（《题为成都川剧学校》）巴蜀是中国文坛领袖的孕育地，多出文坛北斗星辰式的人物。郭沫若此说沿袭巴蜀文脉，历代早有定评。

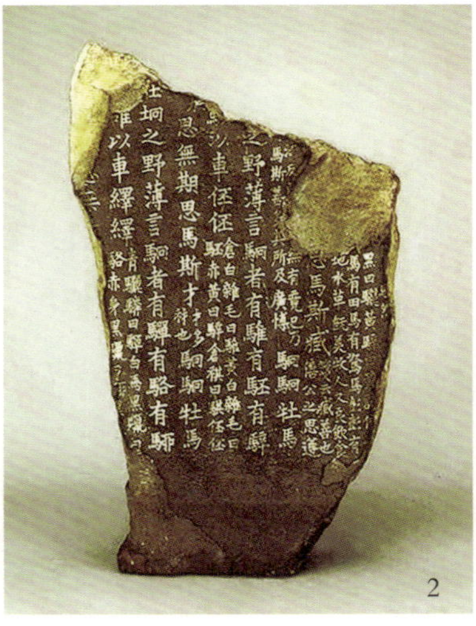

1. 文殊院藏品《玄奘法师像》 玄奘不仅是一个纯粹的佛教徒，而且是中国的、东方的、世界的第一流思想家，杰出的翻译家和旅行家，是一个伟大的爱国主义者，是沟通中印文化最成功的使者，是我国同南亚诸国友好往来和文化交流的象征 摄影 / 李天社

2. 石经 图片来源 / 四川省博物馆

晋人常璩赞巴蜀“多士克生，髦俊盖世”。宋人席益赞“蜀儒文章冠天下”。宋人田况认为扬马“其辞其道，皆为天下之所宗式”。明人何宇度《益部谈资》颂之为“蜀之文人才士，每出皆表仪一代，领袖百家”。汉代出现了“以文辞显于世”“文章冠天下”的巴蜀四大家司马相如、王褒、严君平和扬雄，“自汉而下，文章之盛，无出于（此）四子矣”（杨升庵评语）。

司马相如是巴蜀文化史上第一个文宗，具有“赋圣”“辞宗”“百科通儒”的地位。他生于蓬安，长于成都。蓬安的巴风，成都的蜀韵，交融哺育了相如，相如又以巴蜀文化共同体同根、同源、同质、同体的家国情怀对中华母体文明作出了熔铸“大汉盛世中华民族命运共同体”认同意识的伟大反哺性贡献。他既有文治，又有武功，“开路西南夷”，为促进多民族的团结融合与增强大一统文化中国的认同，为启发和唤醒巴蜀民众不畏艰险、开拓蜀道作出了非常突出的贡献，是蜀中父老祖先“非常之人”精神的传承与践行者。他两度出使巴蜀，写下《喻巴蜀檄》《难蜀父老文》两篇雄文，宣扬大汉盛世和军威，歌颂“辑安中国”“创业垂统”的伟业，阐发国家民族的共同利益。其文义正词严，金声玉振，雄辩滔滔，气势磅礴，“天地有大文，吾蜀擅宗匠”，是巴蜀地域文化最早的振聋发聩的雄文。他临终绝笔写封禅遗书，上表请求将中华符瑞地标泰山作为国家大一统文化认同和民族福祉追求的标识，劝汉武帝封泰山禅梁父，祭祀天地，凝聚民心，增强国家认同和民族认同，从此兴起了历代国家封禅大典。

相如是传承先秦礼乐文明薪火，倡导大汉盛世诗教、礼教与乐教的开拓者之一。相如大赋为“汉之雄文”，是汉代中国诗教文章的代表，具有儒学经典“兴废继绝，润色洪业”（班固《两都赋》）的作用，属于汉代儒家主流意识形态，可登汉文大雅之堂，是“汉文章经典之圣”。“文翁倡其教，相如为之师”，相如又是蜀学的宗祖。他们二人继承西周贵族国学制度传统和孔子私学自由讲学的传统，创建地方郡国“石室”官学与“讲堂”私学，使“蜀学比于齐鲁”。司马相如以“蜀解儒经”的文化思维开启了蜀学重文重史的传统，开启了历代通经致用，重“今文经学”的蜀学学风。

相如主张中华文化当重“驰骛乎兼容并包”，重在对传统文化的主干儒学开放性、兼容性体系的传承，是中华民族精神百花园中的一枝奇葩。相如《大人赋》追肩继承屈原《远游》，创新出“列仙之儒”的形象，是引领历代游仙诗风的先行者。汉武帝读了这篇赋后，“飘飘有凌云之气，似游天地之间意”，这正是汉代雄阔、豪放、浪漫，企慕长生不死、羽化登仙的时代精神的写照。李白的仙游诗“梦游天姥”、苏轼的“挟飞仙以遨游，抱明月而长终”的意境，就是继承相如的仙游诗“文心”来的。

相如的仙化思维是蜀人发散性球形思维方式特征的生动典型体现。它在文学上形成浪漫主义的倾向，富于文采和想象力，这对于后世富于激情、奇幻的文化心理有相当的启示作用，开启了巴蜀文学好梦幻迷离、好想象的浪漫主义的先河。从司马相如到李杜、三苏，直到郭沫若、现代四川的朦胧派诗群，始终传承相继，形成神奇梦幻的巴蜀文学的历史长河，产生了一代又一代的巴蜀文坛的北斗星辰。

司马相如是汉乐府团队首聘的乐府词作者，又是蜀派古琴的创立者。他的“绿绮琴”与《凤求凰》曲是蜀派古琴的“琴器”和“琴曲”的滥觞，得到了历代诗人琴家的认同。传承相如古琴的有后汉张道陵的青城仙乐，唐代传承蜀派乐曲的有“蜀国弦”，传承蜀派斫琴的有“雷氏琴”，把《高山流水》改为《流水》，是蜀派古琴的特色曲目，是蜀派古琴特有的文化标识。

李白、温庭筠、苏轼、赵抃都喜闻或亲弹《流水》，“逢师写流水”成为赏琴最大乐事。清代光绪年间，青城道人张孔山以七十二滚拂技法创新《流水》，成为蜀派古琴传承至近代的开派者，现代传人喻绍泽、曾成伟、曾河，一脉相承，皆以相如琴为祖源。今《流水》曲已作为人类五十五种语言的代表之一，由美国 1977 年 9 月 5 日发射的旅行者一号用铜质镀金唱片录制进入太空，向地球外的文明传达来自人类的问候。

相如是中国第一个撰写书法理论的书法家。他仿照一年四季日夜飞禽屈伸之体与升伏之势创作书法，创出篆体鸟书，名《气候时书》。

相如开启了巴蜀文宗重文学、重今文经学的传统，其著述“控引天地，错综古今”“苍括宇宙，总览人物”“可意会不可言传”，形成富于奇幻想象力和激情探求力的巴蜀浪漫主义文学传统，塑造了巴蜀文人的集体文化性格。

司马相如之后是与其并称为“扬马”的西汉末的扬雄。他被当时人誉为“西道孔子”，具有汉代儒圣的地位。

扬雄对中华礼乐文明的元典做了传承祖源文脉、开拓阐释解读新路的研讨工作。他传习《易》，作新解《太玄》；传习《论语》，作创新性解

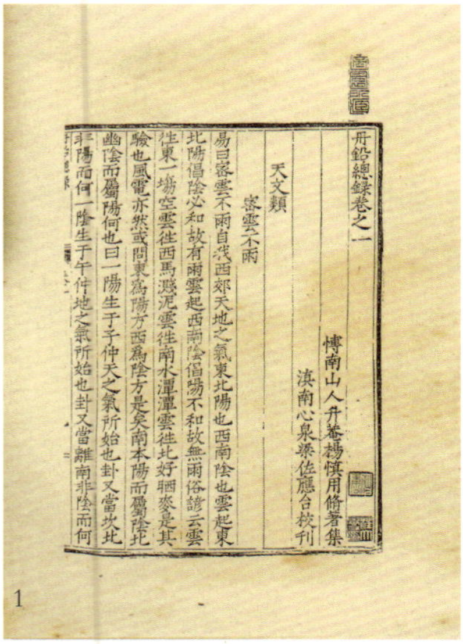

丹鉛總録卷之一

博南山人升菴楊慎用脩著集

滇南心泉梁佐應台校刊

天文類

密雲不雨

易曰密雲不雨自我西郊天地之氣東北陽也西南陰也雲起東北陽倡陰必和故有雨雲起西南陰倡陽不和故無雨俗諺云雲往東一場空雲往西馬濺泥雲往南水潭潭雲往北好晒麥是其驗也風雹亦然或問東爲陽方西爲陰方是矣南本陽而屬陰北幽陰而屬陽何也曰一陽生于子仲天之氣所始也卦又當坎北非陽而何一陰生于午仲地之氣所始也卦又當離南非陰而何

1

2

1.杨慎《丹铅总录》书影（明嘉靖三十三年梁佐校刊本）

2. 陈洪绶绘《升庵簪花图》，绢本设色

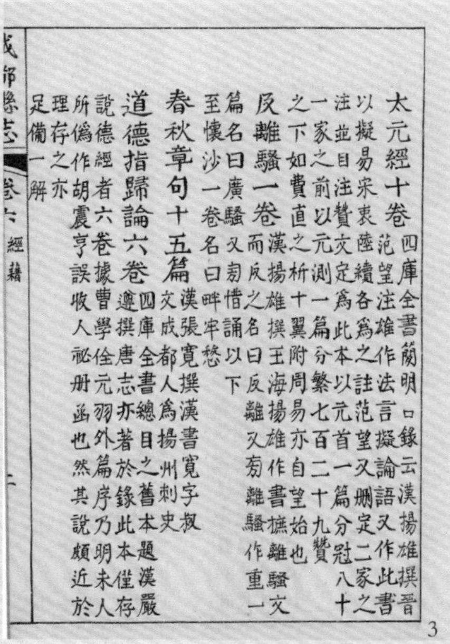

成都縣志 卷六 經籍

太元經十卷 四庫全書簡明目錄云漢揚雄撰晉范望注雄作法言擬論語又作此書以擬易宋衷陸績各為之註范望又刪定二家之注並目注贊爻定為此本以元首一篇分冠八十一家之前以元測一篇分繫七百二十九贊之下如費直之析十翼附周易亦自望始也

反離騷一卷 漢揚雄撰 玉海揚雄作書摭離騷文而反之名曰反離騷又旁離騷作重一篇名曰廣騷又旁惜誦以下至懷沙一卷名曰畔牢愁

春秋章句十五篇 漢張寬撰漢書寬字叔文成都人為揚州刺史

道德指歸論六卷 四庫全書總目之舊本題漢嚴遵撰唐志亦著於錄此本僅存說德經者六卷據曹學佺元羽外篇序乃明未人所僞作胡震亨誤收人祕冊函也然其說頗近於理存之亦足備一解

3

西汉时的成都，

出了并称“扬马”的两大文豪：

一位是司马相如，

另一位则是大儒扬雄……

1. 司马相如画像 图片来源 / 成都市档案馆

2. 杨雄（扬雄）画像 图片来源 / 成都市档案馆

3.《成都县志》收录的扬雄凭吊屈原的《反离骚》一文 图片来源 / 成都市档案馆

4. 扬雄对司马相如在赋方面的成就佩服不已，将相如作为榜样 /《蜀故》卷十七《著作》图片来源 / 成都市档案馆

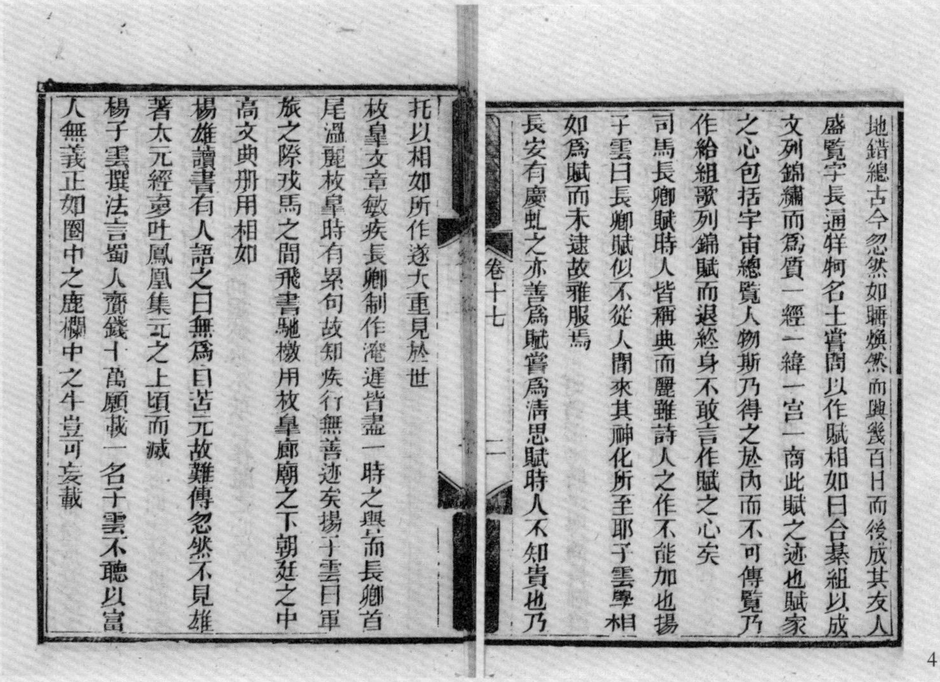

地錯總古今忽然如驪煥然而興幾百日而後成其友人
盛覽字長通牂牁名士嘗問以作賦相如曰合綦組以成
文列錦繡而為質一經一緯一宮一商此賦之迹也賦家
之心包括宇宙總覽人物斯乃得之於內而不可傳覽乃
作給組歌列錦賦而退終身不敢言作賦之心矣
司馬長卿賦時人皆稱典而麗雖詩人之作不能加也揚
子雲曰長卿賦似不從人間來其神化所至耶子雲學相
如為賦而未逮故雅服焉
長安有慶虬之亦善為賦嘗為清思賦時人不知貴也乃

卷十七 二

托以相如所作遂大重見於世
枚皋文章敏疾長卿制作淹遲皆盡一時之譽而長卿首
尾溫麗枚皋時有累句故知疾行無善迹矣揚子雲曰軍
旅之際戎馬之間飛書馳檄用枚皋廊廟之下朝廷之中
高文典冊用相如
揚雄讀書有人語之曰無為自苦元故難傳忽然不見雄
著太元經夢吐鳳凰集元之上頃而滅
楊子雲撰法言蜀人齎錢十萬願載一名子雲不聽以富
人無義正如圖中之鹿欄中之牛豈可妄載

4

读的《法言》；传习中华第一部官箴《虞箴》，创造性地发展为《十二州箴》。它传习其师严君平和林闾翁孺关于调查地域方言风俗的“輶轩使者”制度的知识图谱，亲自做社会调查，访问记录各地方言殊语，著成“悬诸日月不刊之书”的《方言》。他第一次在该书中提出“通语”的概念，就是当时的“普通话”。而各地的方言，他带着三寸毛笔、四尺油素纸，亲自向当地父老访问记录。这本书既显示了地域方言的多样性，更显示了中华“国语通言”（当时的普通话）的统一性。《方言》一书的重大价值在于，它抓住了汉语言文字作为载体是造就中华民族命运共同体凝聚向心的根，是守护中华民族共同体认同意识的代表性文化标志。扬雄在中国历史上第一次展示了汉语汉字作为中华民族共同体大一统认同意识的载体的发展轨迹和基本规律。

“扬马”二人是汉代“开启儒化中国”传统作出巴蜀文化特殊贡献的先驱者。

郭沫若在不少诗中评述了巴蜀文学大家辈出的传统。他热情地歌颂过：“自有文翁兴石室，频传扬马秉杼机。”（《为陈望道题画》）相如、扬雄秉杼机、执牛耳，是文翁兴石室倡教化的结果。他在《蜀道奇》一诗中专门评述：“文翁治蜀文教敷，爰产扬雄与相如。诗人从此蜀中多，唐有李白宋有苏。鞠躬尽瘁兮诸葛武侯诚哉武，公忠体国兮出师两表留楷模。利州江潭传是金轮感孕处，浣花溪畔尚有工部之故居。”“扬马李苏其辈出，冰（李冰）翁（文翁）亮（诸葛亮）曌（武则天）其如林中之树株。”扬马李苏、冰翁亮曌，都是“文翁治蜀文教敷”的结果。郭沫若观察到两种特殊的文化现象：一是文翁兴学以后，“诗人从此蜀中多”；二是“蜀道诗人多自东”（《和老舍原韵并赠三首》）。从唐代的“草堂巨甫”到南宋的诗宗词宗陆游，再到抗战时期的“随国入渝中”的老舍，都是从东来到西，从中原来到巴蜀。凡是入蜀的诗人往往因巴蜀文治教化的感染而“奇语惊人”，文风韵格大变。杜甫、陆游虽不是蜀人，但他们都是因蜀中山水孕育而成为文化巨人的。“诗人自古例到蜀”是一个重要的文化现象，是构成巴蜀和谐包容文化内涵的一个重要基石。这是文翁兴学所开启的巴蜀特殊的文治教化传统的第一个重要结果。

从文翁、司马相如开始，蜀学传承两千多年，除了上述文学特色之外，在各个历史时期都表现出自己独有的学术特色。西汉时期，蜀学比于齐鲁，西蜀“号为西南齐鲁，岷峨洙泗”（杨升庵语），从此巴蜀成为“好文雅”（《汉书·地理志》）的孕育地。三国时期，诸葛亮成为民族智慧之星的化身，其治国理政的高超智慧，为我们留下了“后来治蜀要深思”的宝贵历史遗产。唐代，“陈子昂悬文宗之正鹄”（杨升庵语），“专精坟典，经史百家无不赅览”（唐人卢藏用评价），尤精研易象。他还立志学司马迁，拟作《后史记》。他倡导古文新风，复兴汉魏风骨，一反六朝奢靡侈丽的文风，成为唐代诗文革新的领袖，“卓立千古”，引领“天下质文一变”。继陈子昂之后是巴蜀的李杜，一为诗仙，一为诗圣。根据杨升庵的看法，诗仙李白，也是“诗圣”，因为李白诗文首先是对儒宗道德礼教、诗教、乐教的贡献。同样，杜甫也是“诗仙”，“天路”与“巴人神仙乡”，首先就是杜甫发现和称颂的。杜诗在宋代人眼里，是诗中的儒家“正经”，

“千年第一文人”苏轼像 绘 / 叶衍兰

其他文人的诗皆为“兼经”或诸子百家，只有杜诗是“诗学的正宗”。宋代以苏轼为代表的蜀学，与关学、洛学鼎足而三，“苏学行于南北”“文章独步天下”，成为儒家经学的重要中心。南宋有“小李白”之称、“文采风流，照耀一时”的爱国主义诗人陆游，他钟情于第二故乡巴蜀，特别把他自己的诗集命名为《剑南诗稿》。

有明一代文化巨人杨升庵，不仅科举中状元，记诵著作之博亦为“天下第一人”，“学问渊博，平生著述如林，大小凡三四百种，古今著作，从无如此富者”。清代俞远举评价：“余尝与天下士论古今，真大才子得三人：一曰唐太白，一曰宋东坡，一曰明升庵。才皆天纵……冠绝当代。”清代“百科函海”大家李调元，与袁枚齐名的性灵派诗人张问陶，现代被毛泽东誉为“文坛宗匠”的郭沫若，现代文学巨匠巴金，皆是“天下第一秀才”，都以比肩相如为荣。其中最重要的学术现象是：蜀学两千年有重文史、重今文经学的传统，从司马相如到廖平再到郭沫若，都传承着薪火。

张问渠《东坡游赤壁图》 图片来源 / 李劼人博物馆

《汉书·地理志》说："景武间，文翁为蜀守，教民读书法令，未能笃信道德，反以好文刺讥，贵慕权势。"换句话说，蜀中学士学习和吸收中原文化，不是走传统经学笃信道德的老路，而是按蜀人特有的发散性思维方式走了一条"好文刺讥，贵慕权势"的新路。"好文"指文学的铺张扬厉，用字新奇，不师故辙。"刺讥"指劝百讽一，虽多虚辞滥说，然其要归之于讽谏，这都属于大赋的特点。"贵慕权势"指识时务，顾大局，务时济世。总的来看，实际上说的就是由司马相如开其端，致力于走重文学、重今文经学之路。于文学则汉代的文人以相如为榜样，向慕循迹，兴起了蜀文学的高潮，产生了一批文章为天下第一的文学学士，使巴蜀成为汉大赋的基地、汉赋的故乡。于经学则讲经世致用，跟着时势走的今文经学之路，而不重崇章句、守训诂的古文经学之路，开启了后代蜀人讲求实际，经世致用，不守章句，富于激情幻想的今文经学思潮。

这里说一个有趣的故事：东汉末郑玄综合今古文经学，以郑学为标识，古文经学取得绝对胜利，居于统治地位，而今文经学则遭到惨败。今文经学的公羊大师何休气得这样说："康成（郑玄）入我室，操我戈，可乎！"但东汉时期的巴蜀则相反，今文经学占优势，古文章句之学衰落。到三国蜀汉时，由于诸葛亮的提倡，"益部多贵今文而不崇章句"（《三国志·蜀志·尹默传》）。

诸葛亮虽然今古文兼通，但其政治态度和治学方法是倾向于今文经学的，具有治学讲究"经事综物"，有补于当世，读书独观大略，识其统体，重宏观大略而不崇章句的特点。对此我曾作《诸葛亮好为梁父吟辨析》专门论述。在诸葛亮的倡导下，出现了"特善《春秋公羊》"的严幹、孟光、秦宓、谯周等巴蜀今文经学家，并在蜀中发起了激烈的今古文经学论争，最后是今文经学占了优势，古文经学落败，以致那时有个蜀人尹默要想学习古文经学，只好离开益州，远游到荆州去学习，因为荆州是祖奉专讲古文经学的司马德操的基地。后来苏轼和杨升庵都有重文学、重今文经学的特点。宋代"蜀洛之争"激烈。以苏轼为代表的"蜀学"同以二程（程颢、程颐）为代表的"洛学"的论争，主要问题就集中在文统和道统的分别上。二程主张道学，斥文学为"玩物丧志"。苏轼主张文学既要"文以载道"，又应脱离道学而独立。苏轼的蜀学，显然继承着司马相如以来的蜀人重文学、重今文经学的传统。

明杨升庵好学务博，好议论，重文史、重闳博，好做翻案文章，还为廿一史作弹词，努力把中华历史文脉教育大众化。弹词《说秦汉》的开场词《临江仙》"滚滚长江东逝水……"，脍炙人口，就是升庵在泸州的创作。近现代廖平、郭沫若、蒙文通均接受今文经学教育。

廖平是晚清第一位今文经学大师，是尊经书院今文经学家王闿运的学生。王闿运好《公羊》，但仅限于经学，不与政治时势联系。廖平则根据时势需要对《公羊》大加穿凿附会，自号"六译"，其今文经学变化了六次：第一变讲今古，第二变讲尊今抑古，第三变讲小大，第四变讲天人，第五变讲人学天学，到第六变时愈变愈离奇，牵强附会，不知所云。（范文澜先生观点）例如，其“三传一家说”，认为“公”“谷”双声，“羊”“梁”叠韵，同为卜商的音变。孔子所说“启予者商也”，启予就是卜商。因此，《公羊》《谷梁》《左传》三传实为一家。廖平的今文经学内容显然经不得推敲。上述“启予者商也”一句，显然是把“启予”的动宾结构，曲解为人名。廖平也因离经叛道而两次由进士革为白丁。虽然如此，但其新异的创见，治学的灵感，务实用、讲济世的精神，则既是继承司马相如以来的蜀学传统，又是清末以康有为为首的维新派主张改良革新的思想武器，有着积极意义。康有为初持古文经学，读到廖平的《知圣篇》《辟刘篇》非常佩服，改讲今文经学，其所著《新学伪经考》《孔子改制考》就深受廖平今文经学影响。在文学和学术两方面，则因为王闿运为尊经书院山长，其思想精髓深深影响了四川一代学人，培养出杨锐、吴之英，廖平执掌教席，则培养出吴虞、郭沫若、蒙文通等学术大家，直到现代四川学人仍深深受益于尊经书院今文经学的精神，治学为文尚带有今文经学的深刻烙印。

郭沫若是近现代中国与时俱进的文化巨人，是巴山蜀水孕育出来的现代文宗。他诞生于 19 世纪末启蒙、觉醒年代，是近现代中华历史文化名人星空里从跳动在地平线上的初曙霞光，汇为近百年民族文化学术群星洪波里的一道独特奇异的彩虹，是谁也无法忽视的一道亮丽风景线。

20 世纪是近现代文化中国探索和追求现代化的特殊的百年，是民族文化由古典传统形态向现代创新形态转型的百年，是中华民族文化从追求启蒙、觉醒、解放到伟大复兴的百年，是学术、思想、文化的时代巨浪掀起现代化大潮，创造和成就民族新文化形态的百年。郭沫若是这“四个”百年中始终站在潮头，发时代之先声，究古今之脉变，传薪火走新路的“弄潮儿”。他能成为百科全书式的天下文宗，继鲁迅之后中国文化战线又一面旗帜，新中国科学、文化、教育、哲学社会科学建设的领导者，离不开这百年文化中国的思想养料和历史语境的哺育，也离不开他对文化中国的反哺作出的杰出贡献。早在 20 世纪 20 年代，郭沫若就已服膺于马克思、恩格斯的思想。他

1929 年撰著的《中国古代社会研究》就是以恩格斯“辩证唯物论的观念”为向导，用“人的观点”来观察和研究中国社会历史的开拓新路的宏伟巨著。早在 1926 年郭沫若就写出了《马克思进文庙》，这是当时中国学者中第一个对于马克思主义与中华优秀传统文化之间的关系的新颖而独立的思考。

把马克思请进文庙与孔夫子对话，让马克思思想与儒家“大道之行也，天下为公”的大同理想相沟通，这是郭沫若作为学者和革命家对马克思主义思想资源如何中国化与中华儒家传统礼乐文明如何现代化二者相结合会通的一个经典提法。孔子的儒家大同理想与仁义礼乐文明观念是郭沫若自励坚贞、终身不变的信仰，是他终身真诚接受、信仰和践行马克思主义的思想基石。不管“文革”时期何种挫折和批判，不管何种飞短流长，他都坚守“把马克思请进文庙”的“两个结合”的原则，从来没有变化过，这便是以中华优秀传统文化之脉为根，以马克思主义为魂，从而坚定其历史自信、文化自信的热力之根本动力。

总的来说，巴蜀文宗的共同特点在于：多是百科全书式球形发散性思维的文化大家，且是多才多艺、书画精绝的大才子。巴蜀地域所出“天下文宗”最多。其中，还产生北斗星辰一样的文化巨擘，如扬马、子昂、李杜、三苏、升庵，直到郭沫若、巴金，都是中华历史文化名人灿烂星空站立各自时代的潮头，“手把红旗旗不湿”的弄潮儿，凌万乘，贮千古，众所仰望的北斗星辰。

他们最大的共同特征是受文化中国共同体认同共识情怀的养育和熏陶，又反哺于文化中国共同体和民族命运共同体认同意识的增强与升华，为文化立国，为增强本土文化自信、历史自信的热力培根铸魂、传承创新，分别作出了大小不同的贡献。优雅璀璨的巴蜀文化史，就是由历代居于文坛鼎堂地位的巴蜀文宗文化构成其主线。

巴蜀文宗还为今天川渝两地留下了他们的历史遗产地标。

赋圣司马相如的故里在今南充市蓬安县，留下了相如故城遗产坐标。成都是他的又一个故乡。诗宗陈子昂是射洪人，留有金华读书台胜迹，今已成四川廉洁文化教育基地。诗仙李白的故里在江油市青莲乡，现有李白故宅、陇西院、太白读书的大小匡山，李白妹李月圆墓及粉竹楼等遗迹。诗圣杜甫沉郁顿挫的诗风和近体格律精熟趋于完美的孕育地是成都草堂、梓州草堂和夔州瀼西草堂。北宋诗豪苏轼的故乡眉州被陆游称为“郁郁千载诗书城”，同时，陆游还称赞川南崇州（今荣县）是“郁然千里诗书乡”，表明巴蜀城乡皆有诗意书乡特色。南宋文坛巨匠陆游在今崇州市留下了罨画池名胜。明代新都人杨升庵留下了新都桂湖，清代张问陶遂宁故乡有涪江中的“船山”，故其名亦取为“船山”。李调元在罗江故乡有李氏宗祠。他们都是中国诗歌史上、文学史上的领军人物，占有成都、眉山、江油、射洪、蓬安及崇州等故居故地的优势。巴蜀有条件成为中国文宗文化历史遗产的圣地，这是巴蜀文脉传承的结晶。

6. 才女在蜀

明人凌濛初在《二刻拍案惊奇》“同窗友认假作真，女秀才移花接木”一回中，讲述薛涛鬼魂复活，在明初洪武时与秀才田洙相遇联句赋诗的鬼话故事，讲说“蜀女多才”“自古为然”：“小子为何说这一段鬼话？只因蜀中女子从来号称多才。如文君、昭君，多是蜀中所生，皆有文才。所以薛涛生前诗名不减当时词客，死后犹且诗兴勃然。”“见可蜀女多才，自古为然。”

邛崃市文君公园内的文君井　摄影／李绪成

凌濛初总结了蜀中才女的两大特点：一是有男子汉气，多夸称为“女丈夫”“巾帼儒”；二是故事多，每个才女都有奇妙的事，“蜀多才女，有如此奇奇怪怪的妙话”，因此之故，由“小子说这一段鬼话”。

形成上述两大特点的原因：一是“山川的秀气”“风物尚饶，旷古称最”，有养育蜀中才女优越秀冠的文化生态环境；二是女子有读书权利，“至今两川风俗，女人自小从师上学，与男人一般读书。还有考试进庠做青衿弟子，若在别处，岂非大段奇事”。他接着讲了成都府绵竹县才女闻蜚娥女扮男装进学堂读书，学得文武双全，既“满腹文章，博通经史”，又“一身武艺，最善骑射”的故事。凌濛初认为蜀中女子“博通经史”，“这也是蜀中做惯的事”。他以下面的诗句对蜀女享受同男子一样读书与婚姻自主的开放习俗加以歌颂：“从来女子守闺房，几见裙钗入学堂？文武习成男子业，婚姻也只自商量。”因此，巴蜀妇女的独立人格易于树立，女权意识易于觉醒，促成“蜀中女子，自古多才”。

蜀中最早的才女是夏禹之后涂山氏。她是《诗经》国风中的“南音”——《候人兮猗》的始创者。第二个才女是西王母，是被神话了的人物，实际上她是“女和月母之国”的女国首领，是巴蜀众多女国的“母系文明”标志。

巴寡妇清经营丹砂矿产业，帮助了秦国灭楚，获得了秦始皇的青睐，给予“礼抗万乘”“筑女怀清台”的荣誉。

汉代才女卓文君，与司马相如一见如故，“相如以琴心挑之”，文君乘夜私奔相如，驰归成都。这段自由浪漫的爱情故事，脍炙人口。从华夏诗脉上看，它是《诗经》第一首诗《关雎》中“关关雎鸠，在河之洲。窈窕淑女，君子好逑”“求之不得，寤寐思服”“琴瑟友之”所展示的美好夫妻礼乐人伦敦化美好精神的演绎，故司马迁在《史记》里特别花笔墨来描写记述。

西汉末汉宫廷出了个“绝世才貌”的大美女王嫱，字昭君，南郡秭归人（今湖北宜昌市兴山县昭君村）。秭归乃巴文化区域。据祁和晖考证，昭君是巴人女儿，是土著巴人（后来称为“土家族”）姑娘，因巴亦属于蜀，故明代白话小说家凌濛初称她为“成都姑娘”。南匈奴呼韩邪单于向汉元帝请求和亲，昭君自愿出塞远嫁，从此终生生活于南匈奴区域，为多民族团结融合、增强中原王朝大一统认同意识，作出了不可磨灭的贡献。汉元帝遂把“和亲”这一年改为竟宁元年，意即四境安宁，和谐一统。昭君所生子胡名为“伊屠智伢师”。郭沫若写《蔡文姬》剧本时，还把这个名字借用来作为蔡文姬与胡人和亲所生子女的名字。“昭君出塞”故事千古流传，今在内蒙古呼和浩特大黑河南岸，留有昭君墓葬“青冢”地标，建有昭君博物院，成为中华民族文化统一性、兼容性、和平性的一处重要的文化符号和历史遗存。

唐代蜀中大才女、大政治家、中国历史上唯一一位女皇帝武则天，生于利州（今广元）。武则天建立大周朝，是一位有思想、敢行动、有治绩的君主，是值得肯定的历史人物。在贞观之治与开元盛世之间，武周为唐代盛世繁荣发展起了承前启后的过渡时期关键作用，是初唐文化中国共同体重建和发展的关键人物。她对推动隋唐中央集权制度的发展起了重大作用。她以周官周礼作为号召的旗帜，实际上是用周礼的“文化中国”大一统的内涵来统一当时的思想。其次初唐承隋建立了科举制，由中央专权遴选人才。到武则天时代，应科举者达万人之多，武则天亲自出场，御驾雄阳门临试，选取张说的对策为天下第一，这是科举殿试制的开始。她还开创武功科举，以后即成为历代科举的定制。再次是促进唐朝多元一体的民族文化国家的形成和发展，提升大一统的国家形象。初唐李氏王室出身关陇集团，具有关陇地区胡汉民族文化长期交融的历史经验，作为华化蕃胡创立的李唐王朝具有天然优势。他们统一全国，不是以少数民族为身份，而是以华夏民族的正统为身份。唐帝国就是在这个多元一体的中华文化大一统的民族认同和文化认同潮流中发展起来的。武则天在其当政的五十多年里，不仅取得了大破吐蕃和分设龟兹、于阗、疏勒和碎叶四镇的治绩，更为值得重视的是她主动采取了尊重民族文化、促进民族团结的政策。如她“建言十二事”中有“息兵，以道德化天下”一条，实质就是民族和睦的主张。她在为高宗辅政时期、制定“四夷酋长朝皇后”于光朝门的朝仪，四夷“朝皇后自此始”。

这种以皇后身份尊重四夷文化的政策是从武则天开始的。她“封嵩山，禅少室”，创作“大周万国颂德天枢”文化标志，让番夷诸酋都参与制作，把他们的名字刻在“天枢”上。在乾陵神道上，她又镌刻六十藩王石像。这些措施以文化中国眼光看，是展示国家形象、尊重民族文化多元发展、促进民族团结、巩固国家统一、颂德大周万国的标志性文化路标工程。武则天也很注意与外国通好的大国形象。唐初，日本国遣唐使和留学生来中国最多。她还曾送给日本国神武天皇一对“驺虞”（即大熊猫），这是大熊猫充当和平大使的最早记录。武则天对唐朝文化的流传广播，对文化中国影响于汉字文化圈的魅力，是作出了积极贡献的。

明李贽《藏书》是最爱讲怪话和讽刺话的一本书，但却极力称赞武则天“知人”“爱养人才为心，安民为念”，古今无人能及，此应是“万世之公鉴”。

武则天十分爱才，启用一大批文化精英，其中有两位文化标杆人物：一位是狄仁杰，代表有唐吏治；另一位是陈子昂，代表有唐文治。陈子昂高吟“前不见古人，后不见来者，念天地之悠悠，独怆然而涕下”，其独立苍茫以天下为己任的气概，是文化中国核心价值观念的最佳表达，也是武则天文治催生的最佳文化成果的标志。武则天撰《臣轨》，是历史上第四部官箴。全书的格言警句都是化自七经及诸子百家，旁及《列女传》等杂书，是一本集武周以前历代官德教化之大成的著作。

薛涛，字洪度，中唐代宗大历年间生于长安（今陕西省西安市），幼随在蜀为官的父亲薛郧来成都生活，长于成都，终老于成都，卒于唐文宗太和六年（公元 832 年）。她性慧敏工诗，八九岁就懂声律，能与父唱和。十六岁及笄，诗名已“闻于外”。父早逝，母孀，薛涛为养活一家，遂进入西川节度使韦皋幕府，入乐籍，为乐伎，以“侍酒赋诗，僚佐多士”为专门职业，历事韦皋、武元衡、李德裕、段文昌等十一镇节度使，韦皋、武元衡还先后聘她为军镇幕府“军中校书”，故被敬称为“女校书”。当时与她“竞有唱和”的风流名士，有元稹、白居易、牛僧孺、令狐楚、裴度、严绶、张籍、杜牧、刘禹锡、吴武陵、张祐等，多达二十位名家，都是“皆以诗受之”的唱和诗友，因此，她成为元稹、白居易倡导的新乐府运动的主将。她多才多艺，曾创新诗笺制作工艺，所制诗笺被称为“薛涛笺”，风行千载。她多智多慧，书法上乘，学王羲之法，仿韦陟“五云体”，笔力峻激，自成一格。她先后居于浣花里、百花潭、碧鸡坊，筑菖蒲花门，建枇杷门巷，创建吟诗楼，著女冠道服，在书香成都过着诗意“仙居”生活。她死后，段文昌专门为她撰写墓志铭。其诗作五百余首，最早集为《锦江集》，今存诗九十三首。

薛涛是唐代女诗人中诗作最多的代表者，在蜀中女文学家中占有秀冠第一的地位。她文心高尚，吟竹诗见其托物言志的高尚修身气节，筹边诗见其

薛涛塑像　摄影/贾燕妮

忧国忧民、鸣国家之盛的高尚报国情怀，在“心志诗”上起了站立时代潮头的作用。在唐诗文化史上，她在中唐男女诗人群体中占有翘楚地位，是中唐女诗人的魁首。

薛涛的才华就是在新乐府运动唱和诗中显露出来的。元稹也是因薛涛诗而爱其瑰丽才华，方在唱和中以诗回赠：“锦江腻滑娥眉秀，幻出文君与薛涛。”“言语巧偷鹦鹉舌，文章分得凤凰毛。”薛涛言语如同鹦鹉的舌头一样的灵巧，文章有如凤凰的羽毛一样的奇瑰，弄得“纷纷辞客多停笔，个个公卿欲梦刀”。这真不得了，个个男人，不管是公卿，还是辞客，都超不过一个女人，甚至望而生畏。这样的赞誉，出自创“元白体”、为中唐诗歌首席的元稹，可见薛涛的唱和诗在中唐诗歌群体中的价值是超一流的。

薛涛十六岁进入成都幕府，加入乐籍，作乐伎，一直被污名化为“妓女”。其实“乐伎”不是“娼妓”，最早是唐代宫廷音乐教坊的专职“坐部伎”和“立部伎”组成的“教坊”音乐家班子。唐玄宗就常作教坊乐伎队的司鼓手，怎么能说“乐伎”是妓女呢？玄宗逃难入蜀，把“乐伎”带来成都。这个朝廷“教坊”乐队制度，被成都节度使军中衙署所承袭，不敢再用“教坊”这个御用名称，就只能称为“衙署乐籍”。薛涛加入的是地方节度使组织的“乐籍”，是乐队，不是节度使养的娼妓。她是具有“乐籍”的“乐伎”身份的女艺人（今天就叫“女音乐家”）。

她是传承“蜀国弦”的蜀派古琴家，曾专门为武元衡歌唱蜀国弦。她制作的“薛涛笺”，又称“浣花笺”“十样笺”，今已成为四川省非物质文化遗产。今成都市望江楼公园内的薛涛井是明蜀王制作贡用的薛涛笺用水处。只有三月三，上巳日，修禊天，该井方漂娇红纸，这就成为三月三上巳竹文化节游望江楼的民俗。薛涛活在成都人心里，今赞曰：

水润文明，江流千古。才女秀冠，江楼千古。回首看千年文脉，望江楼上望江流。向未来拓展新路，才女地标如明珠。

中唐浣花夫人任氏乃成都民女，崔宁将蜀时纳为妾，既有智慧，又有武功。在崔宁入朝，南蛮叛变的将帅趁机袭扰成都，剑南局势濒危之时，任氏出家财募勇士，成立敢死队，击溃叛军，保卫了成都城，朝廷因其功赐赠其荣誉为冀国夫人，民间呼为浣花夫人。清光绪十二年（公元 1886 年）成都知府黄云鹄在杜甫草堂重建浣花祠，今为成都杜甫草堂花径中一景点，供人瞻仰。

黄崇嘏，前蜀时临邛（今成都邛崃市）人，装扮成男子，科考中举为“乡贡进士”。她在王蜀宰相周庠相府任司户参军，周庠意欲招纳为子婿，崇嘏不得不留诗表明是女扮男装，“幕府若容为坦腹，原天速变作男儿”，亮明女儿身份，连夜遁去，不知所踪。其家乡今邛崃火井镇，有崇嘏山，是纪念她的历史遗存。

前蜀“花蕊夫人”李舜弦是土波斯（即数代前由波斯国迁来蜀中梓州定居，就称为“土波斯”）。后蜀孟昶宫妃花蕊夫人撰著《宫词》百首，为后世保留了唐五代宫廷文化生活的丰富历史资料。宋仁宗时主政二十余年的女政治家刘娥是成都华阳人。她赤胆忠心辅佐仁宗，获得仁宗由衷感激敬爱。眉山苏轼之母程氏夫人，眉州人，通经史，有气节。因夫苏洵游学四方，故程氏在家亲教二子苏轼、苏辙读书，“闻古今成败，辄能语其要”。一次程氏读《后汉书·范滂传》，慨然叹息，苏轼问母亲：“轼若为滂，母许之否乎？”程氏答：“汝能为滂，吾顾不能为滂母邪？”程氏夫人鼓励少年苏轼学习东汉桓灵二帝时名士直臣范滂，做公忠体国、为国为民的持正立节之士。

明代蜀中才女黄峨，字秀眉，遂宁人，知书达理，工善文辞，有识见担当。二十一岁成为状元杨慎的继室。杨慎流放云南期间，她独自支撑杨家族运文脉，守护家园四十余年。前人共认黄峨文才可前继李清照，后启江南顾太清，而其识见干练可媲美前蜀女状元黄崇嘏，其母仪母德可媲美汉代贤母张汤之母。她守护新都杨氏书香家世与书香文脉，亲授子弟诗书，其诗作有《杨夫人词曲》行于世。绝世才女黄峨，就在“天涯极目空肠断”的悲剧生涯中，以超人才识创造了奇迹。

秦良玉为明末人，生于忠州城西关外鸣玉村，名贞素，为贡生秦葵长女。幼慧，通经史，晓大义，又习兵法、武艺。她继承其夫、石柱世袭土司马千乘土司之职，累有战功。崇祯帝专门写诗四首赠良玉，褒奖其护国功勋。辛亥革命中，光复会女将烈士秋瑾曾作《满江红·赞良玉》。郭沫若曾作颂诗《秦良玉四首》，评价良玉乃“石柱擎天一女豪”。

清代云贵川才女数量更大，搜考记载有52人之多。如：晚清华阳县才女左锡嘉，获得当时尊经书院院长王闿运的高度称赞，誉其为“有丈夫之概”的奇女子，其女曾懿、曾彦，皆为大才女。

7. 天数在蜀

“天数在蜀”指的是巴蜀天文学有自己的传统，是“巴蜀独传之学”，有自己的“杰出代表”：“黄老”是严君平，“天文”是落下闳。巴郡阆中自汉以来，一直是中国古天文学的重要中心。巴蜀古天文历算法有三大特征：一是“黄老灾异见长”，二是“天文推步知名”，三是历算天文，“别自为系”，独成“一派”。

早在中国历法的创制时期，伏羲、神农演重卦。中国人首次运用人类初始数象思维，发现“阴”“阳”两个宇宙数术元素，可以因不同位置的多次排列组合，形成三爻八卦、六爻六十四卦。这些卦爻符号是人脑中抽象出来的数字化概念，用以仰观宇宙，俯察万物，记录复杂的天象人事，以数成象，以象记事，以事用术。这一整套抽象思维方法，叫作“数术”，实质就是古人观察宇宙万物的原始的符号阐释学、概率学、模糊数学，总称为“易”。它的基本原理是阴阳二爻“010101”的二进位，这是现代计算机二进位编程数码的“祖源”，是中华民族祖先贡献给人类最古老最伟大的文明智慧。其中也有巴蜀的贡献。

五帝时期生于蜀中若水的高阳氏颛顼，“命南正重司天，火正黎司地”，设置专管天象的职官“南正重”，创制了“建亥”（十月）为岁首的“颛顼历”。颛顼是巴蜀创造天文学的第一人。

巴蜀第二个天文历法家是春秋时期周灵王的大夫方士苌弘。他“号知天道”，“天地之气，日月之行，风雨之变，律历之数，无所不通”。他留下了“苌弘死于蜀，藏其血三年，化而为碧”的凄美故事。

在中国历法成立时期，汉武帝太初元年（公元前 104 年）颁布“太初历”，其文脉传承至今，是中国农历正式成立的标志。在汉武帝之前，中国历法一直无法固定。“颛顼历”建亥，以十月为岁首。“夏正”建寅，以正月为岁首。“殷正”建丑，以十二月为岁首。“周正”建子，以十一月为岁首。汉武帝决心改历，从元封元年（公元前 110 年）起，即敕命招当时民间治历的宿学耆老唐都、落下闳等二十余人到京师研究实际天象以改历。经过长达七年的研究，证明当时汉代实际天象与“夏正同”，“乃改元”建寅（正月）为岁首。自汉武帝元封七年（公元前 104 年）起初用新历，故武帝将这一年叫作“太初元年”（公元前 104 年），新历法叫“太初历”。两千多年来，该历作为中国农历的标本基因一直薪火相传，这是中国历法成为一门有体系有理论系统的天象科学的标志，是中国古历法发展史上革故鼎新、推陈出新的伟大事件。

而对这个伟大的标志性事件作出最大贡献的历法科学家就有巴郡阆中人落下闳。他是有汉一代“首屈一指的历数家”。他的特长是“运算转历”，专门观察“日月星”“新星度”天象，确定“日月如合璧，五星如连珠”的天象时辰，如此准确，如此精度，亘古未有，这是中华民族对世界天文历数文明“比寿不更”的伟大贡献。

他创造八十一分法，第一次测算出一百三十五个月的日食周期，预测出积八百年才有一天的误差。

他以孟春正月为岁首的历日制度，形成了两千余年的春节元旦习俗。

他改革闰月法，以无中气之月置闰，使“太初历”直接为农业生产服务。

他开创“浑天说”，创制“浑天仪”，这是世界上最早的天球仪、浑天象，欧洲直到公元 16 世纪才发明出同等水平的测天仪器。他的“浑天说”代替了“盖天说”，构建了中国古代关于“宇宙图像”的代数结构，是最早的中国古代天文学的集大成者。

继承他的阆中任文公祖孙三代在阆中建立了汉代第一个民间天文台。正因为落下闳是“中国天文史上最灿烂的星座”，故国际天文学联合会于2014年将一颗新行星命名为“落下闳星”。

汉魏以后，中国农历进入传承太初历根脉星火、创新性转型时期，每个朝代都由皇帝颁布新历，故称为“皇历”。又因历法自五帝时代创立，故又以黄帝之“黄”字，名之为“黄历”。

到唐宋时期，巴蜀迎来了天文学又一个高峰，阆中成为天象学家定居和观测天象的中心。袁天纲（亦名袁天罡），临邛人，唐初著名占星风水学家。李淳风，简州人，唐初著名历算阴阳学家。二人相约隐居阆中，研究天象数术。袁天纲在阆中蟠龙山筑观星台。李淳风则为《周髀算经》《九章算术》等十部算经整理作注，为宋元数学的高度发展奠定了科学基础。

五代末北宋初普州（今安岳）人陈抟是巴蜀天数学的继承人，“易”的“先天太极图”，即“天地自然之图”就是他创立的。他开启了中华图像易学，传与周敦颐，再传程颢、程颐，二程在蜀中习易，慨叹“易学在蜀”，可见陈抟易学对宋明理学有直接的影响。北宋时期巴州人张思训创制“太平浑仪”。南宋时，普州（今安岳）人秦九韶著《数书九章》，代表了中世纪世界数学的最高水平。还有一位蜀中剑州（今剑阁）人黄裳首绘古代世界最先进的“全天文图”，刻于碑石，现今犹存于苏州碑林博物馆。清代江津女子江惠绘制“天文扇”，撰写天文著述《考订中星图》，是“蜀中才女”中唯一一位女天文学家。

现当代四川则出了一位世界级的数学家——阆中人张鼎铭先生，是线性积分方程和函数论研究的知名数学家，世界模糊数学“拓扑学”的著名大师。

8. 易学在蜀

“易学在蜀”是宋代理学家程颐说的话。程颢、程颐两兄弟年轻时随其父广汉太守程珦游成都，在成都大慈寺外草市上看到一个卖箍篾桶的老翁，手里拿着本《易经》，正在研读。两兄弟很奇怪，准备上前询问，不料，箍篾老翁先发问："你们常学《易》吗？为什么《易经》最后一卦是'未济'？"二程答不上来，老翁回答说："三阳皆失位也。"这句话使二程恍然开悟，懂得了"未济"卦象说的是"天地不交，水火未济"，每爻都不正位，但都可以有接应的大道理。"既济"与"未济"两卦结合，就是指天地自然与人类社会都是"阴"与"阳"对立面的矛盾与统一，这是永恒的规则与发展动力，是中华祖先表达的世界最早的原始朴素的辩证法思想。后来，程颢晚年注《易》，专门记载了"三阳失位"这一说，还申明其主旨来自"成都隐者"。有一次蜀人袁滋到洛阳，专门向程颐求教易学，程颐劝告他："易学在蜀耳，何不到蜀中往求？"袁滋就回四川访问，在富顺县遇到卖酱薛翁，袁滋执弟子礼求教，大有所得。"蜀士多明易，天下谓易学在蜀"（谢无量语），连二程都自谦不如蜀人，可见蜀中易学的水平了。

生于西蜀羌乡的大禹制作出"连山"易，汉代时其书还藏于兰台。春秋时期，孔子以易授商瞿。瞿是成都人，在蜀中传易，传说其墓在今双流县。

西汉严君平、扬雄习易，既不师从象数派，也不师从义理派，而是开辟了以黄老卜筮解易的新派。严君平"专精大《易》，常卜筮于市（今君平街）"。卜筮内容，不是迷信，而是教以儒家的"孝、悌、忠、信"。其效果是社会风气大变，"风移俗易，上下慈和"（《华阳国志·先贤士女总赞》），为形成"书香成都""和谐成都"立下了大功德。其弟子扬雄将严之"易"发展为《太玄》。

周易讲宇宙本体是"太极生两仪"的阴阳二元论。老子的"道生一，一生二，二生三，三生万物"，是"一"为万物始基的一元论。扬雄创"太玄学"，以"天地人"三玄三才和合精神为内核，讲"三"是万物的始基，是"玄"的三元论。它既不同于老子的"一"，又吸收了"一"；既不同于周易的"二"，又吸收了"二"，独创出"三"这个最高哲学范畴和宇宙、社会、人生的解释模式，既认同阴、阳对立矛盾两面，更认同解决对立矛盾达到"三"的和谐平衡稳定状态。这种"太玄"论，是对孔子中庸和谐思想的发展，显示了蜀易学的独创性。《太玄》因此成为一门学问，一直在蜀中传承。唐李荣《重玄学》创立的重玄学派，就是对老子的“玄之又玄”和扬雄的《太玄》的创新性发展。

唐代易学的最高代表是李鼎祚。他是资州人，其《周易集解》是汉唐周易注疏学集大成的著作。该书以“集解”为标志，倡导义理与象数并重。宋代程颐的《伊川易传》、朱熹的《周易本义》皆受他的影响。苏轼的《东坡易传》，援禅入易，更是蜀人学易好异不法古的思维特征的显现。宋蜀易学家谯定精深象数，南宋理学大师朱熹、张栻皆是他门下第三代弟子，张栻之父张浚是谯定直传的第二代弟子，在道学升华转型为理学的过程中，他们起了导师的作用，“可以说，没有‘蜀易’为标志的蜀学脉流，便没有南宋理学”。南宋资州人李石著《方舟易学》，专论易卦互体，主张互卦之变与动爻之变，与一般论卦者不同，主张夏《连山》商《归藏》是以七八为占，周易才是九六为占（李石《续博物志》卷十）。

明清蜀易学主要流行象数派之风。明代易图书象之学的代表是蜀人来知德。不过，蜀中图像数术之学在明清时代却也走入算卦卜筮末流，迷信卦象之说盛行，有识之士是反对的，故有“善易者不卜”之说。

清代蜀中能抵制象数派世俗末风的代表人物是近代开端时期西部启蒙思想家双流人刘沅。他的《周易恒解》摆脱象数派的拘泥与义理派的空疏，打破传注解经的烦琐体系，用以经解经、自相圆融，以经文联结经文的直解方法，聚焦于《易经》义理本体认识论，对《易》的观念符号用自然主义作了新的语境探索和解读，对《易》的义理理念，则用人文主义作了贴合于他的人伦民生观的本体阐释，建立起一个超越其前辈学者的新的《易经》解释学的框架体系。

到现代，蜀易学的研究出现了百花纷呈的新局面。其中以社会历史生活解易是蜀中易学的亮点，以郭沫若《周易时代的社会生活》为代表。该文写作于 1927 年，是中国第一个用马克思主义的历史观研究周易的著作，为当代蜀易学的发展开辟出一条新的道路。

1. 尊经书院。1902 年，成都的尊经书院（今四川大学前身）迎来了一位身穿旧布衣长衫的求学者，他就是张澜

图片来源 /《20 世纪四川全记录》

2. 张澜。1926 年，张澜任国立成都大学（今四川大学前身）校长

图片来源 /《20 世纪四川全记录》

3. 国立四川大学校门。1931 年 11 月 9 日，国立成都大学、国立成都师范大学、公立四川大学合并，由教育部定名为“国立四川大学”

图片来源 /《20 世纪四川全记录》

结语

承传巴蜀文化血脉
构建巴蜀特色文化

如果把巴蜀文化比作一个巨人，那么，它生生不息的传统就是他的血脉，它神奇、神秘、神妙的面貌就是他的特征。这支血脉，有百万年人类史，万年文化史，五千年文明史。其中延续最长、历时最久的是优越秀冠的农耕文明：其生产方式是“士民之庶，物力之饶，甲乎天下”（彭遵泗《蜀碧》）、“盖其物产富力，实已为中国之冠”，其生活方式是“俗不愁苦，人多工巧”（《汉书·地理志》）的闲适优雅。因巴蜀农耕时代历时极长，这种生产方式和生活方式就成为巴蜀文脉基本性质及其展现面貌的决定性因素。直到近现代进入工业社会后，农耕文明这一决定性因素还对巴蜀城乡建设与生态文态环境，以及巴蜀人的心理状态、思维方式、社会习俗和人情世态起着极大的作用。这一血脉流遍巴蜀这个文化巨人的全身，从巴蜀文化的童年时代一直贯穿到现在，为我们留下了巴蜀神奇的自然世界、神秘的文化世界和神妙的心灵世界三方面不可多得的历史遗产。

巴蜀文化虽是一个共同体，但其内部巴人和蜀人的文化性格还是有所不同。蜀人历来柔弱褊脆，黠慧多智，而巴人历来强悍劲勇，质朴率真；成都人思维细腻，追求完美，重庆人善于创业，开拓进取性强。也许这是两种方向相反的价值观念和行为模式，但二者常常能整合在一起，相异而又相和，相反而又相成。善于将相互矛盾的因素整合熔铸在一起，成为突破传统又善于守成的积极力量，体现了巴蜀文脉传承的和谐包容的整体性一面。

“天下未乱蜀先乱，天下已治蜀后治”是句古话，它出自明末清初欧阳直的《蜀警录》，其渊源可追溯到《北周书·周辛传》蜀人“贪乱乐祸”

成都大运会闭幕式 图片来源 / 成都大运会组委会

的说法。应该说，这种先乱后治的精神是一种建设性的竞争思想。正如郭沫若所说“能够先乱是说革命性丰富，必须后治是说建设性彻底”，这就是范仲淹的“先天下之忧而忧，后天下之乐而乐”的精神。四川人丰富的革命性和彻底的建设性是由“李冰的建设、文翁的教化、诸葛的治绩、杜工部的创作”这些庙食百代的伟人给予巴蜀人的感化造成的。（郭沫若《先乱后治的精神》）不满足于现状，乱就要乱到底，治也要治到头，勇于创新，敢为人先，这是巴蜀文脉传承的又一个特点。所以，蜀人曾经创造了世界茶树最早的种植地、世界茶文化的发源地、世界盖碗茶文化的发明地、世界漆器中心、世界天然气发现利用的始源地、世界雕版印刷术的发源地、世界纸币“交子”的产生地、世界最早的无坝引水自流灌溉水利工程等几十项世界第一和中国第一的历史文化纪录，这是因巴蜀文脉传承而对中华民族文化作出的值得骄傲的奉献。

今天，巴蜀文脉不仅在精神形态领域传承，深深地影响着巴蜀人的文化性格和文化心理，而且在物质形态、社会组织形态和行为习俗形态等方面传承着，对于今天构建中国式现代化万千气象的巴蜀特色文化和新时代今日四川人的精神，对于巴蜀现代化进程已经和必将起着越来越大的作用。

巴蜀文脉最大的特色是浪漫主义的中国梦理想精神。三千年前三星堆、金沙遗址以羽人和凤鸟为特征的羽化仙道文化，其中巨型青铜人像和青铜面具，以额鼻、纵目、夸张为特征，富于奇特想象。如果我们再上与古蜀五祖得道仙化、“化民复出”的传说相联想，下与今日土家族傩舞面具相比较，再看看以夸张为特点的汉大赋，不难明白这种发散性思维是古蜀人的一个重要特征。这些特征在西蜀的苏东坡、杨升庵到郭沫若身上都有很鲜明的传承和体现。他们都是发散性思维如滚雪球的大家，是仙化想象力和浪漫主义的创造力的大家。所以，“文章冠天下”的浪漫仙化想象力和百科全书式的思维趋向，是蜀人精神形态上又一个重要的特点。

当前巴蜀城市现代化、城乡一体化和建设新农村的进程面临着历史文脉的保护传承同城市化现代化建设之间的矛盾，面临着形象标识混乱、地域特征模糊、传统文化断裂、城乡个性消亡的“城乡特色危机”的挑战，面临着功能结构雷同化、“缺乏特征的二手货城市”和“失去记忆的城市”有增无减的困境。要遏制这一趋势就应该深入阐释、研究和认清巴蜀的历史文脉及其走向，使巴蜀文脉根的培植和魂的铸造，在城乡一体化、成渝双子星座领头的名城古镇建设、乡村振兴、旅游产业和文化产业等各个领域得到现代化的运用，逐步改变城市和新农村缺乏个性和特色的状况。这就是我们研究巴蜀文脉希望达到的目的。

乌江 摄影 / 李天社

后记

2006 年初版后记

两年前，吾师隗瀛涛先生给笔者出了“巴蜀文脉”这个题目。这本小书就是为交这个答卷而写作的。书虽小，费时却不少，原因是走了一段弯路。因最初把书名错听成“巴蜀文化”，我又出过一本《巴蜀文化辨思集》的论文集，初稿倒驾轻就熟，完成很快。后来，隗师告诉我：“不是‘巴蜀文化’，而是‘巴蜀文脉’，这个任务交给你完成，甚为合适。”文“化”与文“脉”，虽只有一字之差，内涵却大不相同，逼迫我重新写作和研究。本书写作期间，我完成的成都城市“龙脉”的几篇论文以及“成都城市特色塑造研究”“四川省政府文化旅游发展报告”两个省市政府课题和外文出版社所出《神游天府之国》等书中关于文脉的论述，就是我思考巴蜀文脉问题的先期成果，其主要观点大体都集中在本书里了。所以，笔者有关文脉研究的进展，首先得向隗师致谢。其次，本书还得感谢同窗亡友邓卫中先生，是他在病中审阅本书，三月后即仙逝，深为痛悼。再次，要感谢责编李嘉和著名美编邹小工二位女士，没有她们精心校阅、配图和细心订正，本书也是难以出版的，一并致谢。

需要向读者申明的是本书的一大不足。《史记·天官书》说：“中国山川东北流，其维首在陇蜀，尾没于勃碣。”这是影响巴蜀文脉的一个大问题，笔者不敢贸然遽论，谫陋乏学，未写入本书，只有俟诸博学君子了。

丙戌年夏于蓉城 谭继和

2024年新版后记

这次修订出版，把原后记说到的《史记·天官书》“陇蜀”——巴蜀山川文脉观，未敢遽论的部分，终于补出来了，明确了巴蜀文化来源于秦陇关中的中原文化，是中原母体文化的“双胞胎”，我也终于安下心来了。遗憾的是这个补足，已在初版18年之后，吾师隗瀛涛先生与吾友邓卫中先生均已仙逝，再也看不到了，故此修订版当首先献于他们的仙座前。

本书初版是在内子祁和晖君重病住华西医院时，我在照顾的间歇，在她的病床前熬夜手写出来的，无法翻阅史料，主要凭记忆写出，文色匆匆，疏漏甚多，仍然得到不少读者的青睐、眷顾和喜爱，十分感动。此次本书的修订，写作条件大大改善，新出史料又多，常得和晖君帮助。更令人感动的是，本书新版得到四川美术出版社的青睐，得到好友邹小工编审的细心编辑和全部图片的搜集、制作以及图随文走的精致安排，得到陈娟副编审耐心周致的审读与编辑，得到好友魏东不厌其烦地多次排印与出版安排，一并表示衷心的谢意。

本书初版由李杨、陈紫玉译为西班牙语，彼得·萨拉萨尔审核，于2021年在萨尔瓦多由Punto Pojo Libros用西班牙文与中文对照的双语译本出版，列入《中萨人文交流——巴蜀文化篇》。本书写作过程中查阅了大量方志史料，得到成都市地方志编纂委员会办公室的大力支持，并列入“成都历史文化精品丛书”，在此一并致以谢忱。

谭继和 甲辰龙年岁次九月吉日

城市·雪山 摄影／李思聪

图书在版编目（CIP）数据

巴蜀文脉 / 谭继和著. -- 成都：四川美术出版社，
2024.12（2025.5重印）
（巴蜀文化系列丛书）
ISBN 978-7-5740-0860-1

Ⅰ. ①巴… Ⅱ. ①谭… Ⅲ. ①巴蜀文化—图集 Ⅳ.
①K871.32

中国国家版本馆CIP数据核字(2024)第056360号

巴 蜀 文 化 系 列 丛 书
BASHU WENHUA XILIE CONGSHU

巴 蜀 文 脉

BASHU WENMAI

谭继和 著

策　　划　四川省经典记忆文化传播有限公司
责任编辑　陈　娟
审　　读　且志宇
责任印制　杨纯鉴
责任校对　章　锐
校　　对　李文玉　刘守根
排版设计　四川省经典记忆文化传播有限公司
出版发行　四川美术出版社
印　　刷　成都市东辰印艺科技有限公司
成品尺寸　185mm × 248mm
印　　张　19.75
字　　数　395千
版　　次　2024年12月第1版
印　　次　2025年5月第2次印刷
书　　号　ISBN 978-7-5740-0860-1
定　　价　128.00元